日常
創新學

突破思維框架

挑戰現狀，突破舒適圈，尋找每一個創新的可能性

莫勇波，張李敏　著

每個人的體內都有創新的潛力，多面向剖析創新的本質
系統性地培養創新能力並實際運用
勇於嘗試不同的思維模式，持續學習和改進
開創更多意想不到的可能性

目錄

第 4 章

從生活周遭發現創新密碼（上）

第 5 章

從生活周遭發現創新密碼（下）

第 6 章

畫出創新

序言

　　1991年，領先同行技術10年的「柯達」怎麼也不會想到，20年後它會被數位相機幹掉；而當「索尼」還沉浸在領先的喜悅中時，它也突然發現，原來全世界賣照相機賣得最好的不是它，而是做手機的「Nokia」；而當蘋果進軍手機市場後，手機世界老大的「Nokia」毫無還手之力……血淋淋的事實一次又一次說明了創新的重要性，只有具有創新頭腦的領導者，才有可能真正適應未來的需要。

　　因而，在當前日新月異的時代裡，要成為卓越的領導者，毫無疑問需要具有創新思維與創新能力。創新，猶如一把利劍，創新者手持此劍，披荊斬棘，方能在激烈的社會競爭中獨領風騷，所向披靡。然則，創新並非一句口號，它是一種學問，一門藝術，它自有其獨特的運行規律。順規律而行，事半功倍；反之，事倍功半。這種規律，我們稱之為創新密碼，只有能夠破譯密碼的人，才能打開創新之門，走向事業的巔峰。

　　在亞洲傳統文化中，有一些不利於創新的元素，在一定程度上阻礙了社會創新與個人創新，作為企業團體組織的領袖人物，應引以為戒。例如「棒打出頭鳥」等表述，把創新看作一件得不償失的事情，表面上看來似乎迎合了事物規律，實際上對實踐活動存在著誤導。作為數百年乃至於千年以來人生經驗的總結，對創新的避讓未嘗不是亞洲人趨利避害的一種選擇。在農業社會裡面，社會結構高度穩定，社會活動節奏緩慢，不顯山露水常常會比鋒芒畢露更加能夠使人安身立命。當前，市場經濟條件下競爭日趨激烈，不爭則難有立錐之地，不變則必有衰亡之憂。

生存在現代社會，猶如逆水行舟，不進，則退；不動，則歿。

所謂狹路相逢勇者勝，現代商業競爭中，敢創新者才能生存，不創新者就會死亡；現代企業面對激烈的市場競爭，應該樹立創新觀念，提高創新能力。當年的柯達公司，就是因為因循守舊，不及時創新、不及時推進產品的更新換代，最後成為了企業營運的反面教材。

那麼，如何提高企業的創新能力呢？領導者擔負著重要的責任。在一定程度上，企業的性格，其實也就是企業領導者性格的擴大化。作為企業的領袖，是否能稱得上創新者，可以從三個方面來評判：創新意識、創新思維與創新實踐。在當前的企業界，創新意識已經能夠很好地得到宣揚，「不創新就如同等死」的觀念得到很多人的認同。無論是企業領導者還是管理者，都有著強烈的創新渴求。然而，具有創新意識只是創新的開端，要進一步深入，就要強化創新思維。創新思維並非生而有之，它依賴於後天的學習和累積，而這個學習和累積的過程又是相當漫長的，有時候甚至是貫穿於人的一生，這樣的速度明顯不能滿足我們對創新的需求。於是，專業的、集中的思維訓練便成為很多有志於成為創新者的企業領袖的必修課。再者，就是創新實踐，這是創新的歸宿，同時也是新的創新的開始。創新實踐強調人的活動，但並不意味著蠻幹，真正的創新是在科學理論指導下的創新。能夠正確指導創新實踐的思維、方法和規律，就是我們所要學習和探索的創新密碼。

如果把創新當做一門學科，那必有其原理和方法論。本書也大致按照這兩個方面來展開。前三章，重在闡述創新的原理；後四章，重要介紹創新的方法論體系。在寫作風格上，以案例介紹和分析為主，力求避免過多的繁文縟節，唯恐一些定義性的內容束縛住讀者的思維；在盡可能增加可讀性、趣味性的同時，把當前關於創新的理論探索推介給大家。

需要注意的是，本書的內容是開放性的，沒有所謂的標準答案，也沒有不可置疑的權威觀點。古人云「盡信書，不如無書」。讀書的要訣在於進得去，出得來；學而不思則罔，思而不學則殆。本書的價值，就在於為讀者日常的思考提供一個系統性的思路，使之更加規範和科學。

　　本書收集了大量的案例素材以及引進了很多最新的創新理論，讀者在本書的學習中，要善於總結和思考，形成自己獨立的思想觀點，並與現實的工作結合，應用於實踐，驗證於實踐。

第 1 章
探索創新的密碼

創新就是採用一種新的產品，採用一種新的生產方法，開闢一個新的市場，取得或控制原材料或半製成品的一種新的供應來源，實現任何一種工業的新的組織。

—— 創新學家熊彼得（Joseph Schumpeter）

宇宙萬物存在著種種不為人知的奧祕，但人類憑藉著億萬年的努力與探索，已不斷地突破和掌握了越來越多可以揭開地球奧祕的密碼。人類社會是在不斷的創新探索中前行的。掌握人類社會奧祕的密碼是推動人類社會進步的關鍵。

在當前的經濟社會發展中，創新發明越來越多，創新步伐越來越快。然而，我們也發現，一些國家、一些人的創新發明較多，而另一些國家的創新成果卻非常少，這是否代表著一些人已經掌握了創新密碼，而另一些人並沒有掌握呢？

答案是肯定的。創新有密碼，但這個密碼並不是所有人都能掌握的，需要我們付出一定的時間和努力，才有可能掌握。

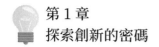

第 1 章
探索創新的密碼

一 生活周遭的創新

創新，是一個很複雜的詞彙。之所以說它複雜，是因為在當前社會中，它出現的頻率太高，熱得發燙，紅得發紫；創新，是一個很簡單的詞彙，之所以說它簡單，是因為其實理解它很容易，甚至我們可以直接望文生義：創新，就是創造出新的東西。

創新是一個很奇妙的東西，其實它就環繞在我們身邊，我們卻因為太過於熟悉而將其忽略。它貫穿於我們生活的過去、現在和未來，它彌漫於世界的每一個角落。我們的衣食住行，無一不是創新的恩賜。

案例：你我身邊的創新

1. 傘

據說春秋戰國時期，魯班在鄉間為百姓勞作，妻子雲氏每天往返送飯，遇上雨季，常常淋雨。魯班在沿途設計建造了一些亭子，遇上下雨，便可在亭內暫避一陣。亭子雖好，總不便多設，而且春天後母面，一日變三變，夏季雷陣雨，說來就來，以至「迅雷不及掩耳」。雲氏突發奇想要是隨身有個小亭子就好了。」魯班聽了妻子的話，茅塞頓開。這位本領高強、無所不能的發明大王依照亭子的樣子，裁了一塊布，裝上活動骨架，裝上手把。於是世界上第一把「傘」就這樣問世了。而據《詩人玉屑》記載，傘是魯班的妻子為關心終日在外勞作的丈夫而發明的。看來，若要申請專利，還是魯班夫婦倆共享比較合理，這傘的發明，是他們夫妻恩愛、相互關心的產物，用現代的話說，這是愛的結晶。

2. 高跟鞋

西元 15 世紀的一位威尼斯商人經常要出門做生意，又擔心妻子會外出「闖禍」。一個雨天，他走在街道上，鞋後跟沾了許多泥，因而步履艱難。商人由此受到啟發，因為威尼斯是座水城，船是主要的交通工具，商人認為妻子穿上高跟鞋將無法在跳板上行走，這樣就可以把她困在家裡。豈料，他的妻子穿上這雙鞋子，感到十分新奇，就由傭人陪伴，上船下船，到處遊玩。高跟鞋使她更加婀娜多姿，追求時髦的女士爭相效仿，高跟鞋很快就流行起來了。

3. 雨衣

西元 18 世紀，在蘇格蘭橡膠廠的麥金托什（Charles Macintosh）因生活窘迫無力購買雨具，每逢雨天，只能冒雨上下班。一天，他不小心將橡膠沾滿衣褲，怎麼也擦不掉，只好穿著這身髒衣服回家。室外陰雨綿綿，麥金托什回到家卻驚喜地發現，穿在裡面的衣服都沒有溼，他索性將橡膠塗滿全身衣服。這就是世界上第一件膠布雨衣。

4. 刮鬍刀

西元 1828 年在英國謝菲爾德製造出一邊有保護的刀片，這是安全刀片的前身。1895 年，美國一位推銷員吉列（King C. Gillette）偶遇發明家佩因特。佩因特希望賺大錢，想發明一種人人都需要而且一次性使用的東西。一天，吉列刮鬍子，發現剃刀的刀片正適合這種構想。他設計出一種安全剃刀，但找不到能製造薄刀片的工廠。到 1901 年，他遇見機械師卡森，才解決了技術問題，使鎖形刀架與雙刃可換刀片合成一體，並申請了專利。早在 1900 年，電動刮鬍刀已在美國獲得專利，但第一種適

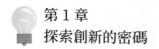

於商業製造的電動刮鬍刀是由美國退役陸軍上校希克（Jacob Schick）設計，並於 1928 年獲得專利的。

5. 鏡子

我們的祖先早在 2,000 多年以前就製造出了精美的「透光鏡」。西元 14 世紀初，威尼斯人用錫箔和水銀塗在玻璃背面製鏡，照起來很清楚。現代鏡子是用西元 1835 年德國化學家李比希（Justus von Liebig）發明的方法製造的，把硝酸銀和還原劑混合，使硝酸銀析出銀，附在玻璃上。

6. 拉鏈

拉鏈是西元 19 世紀由美國芝加哥機械師賈德森（Whitcomb L. Judson）最先發明的。賈德森為了解除每天繫鞋帶的麻煩，就發明了一種可以代替鞋帶的拉鏈。這種拉鏈是由一排鉤子和一排扣眼構成，用一個鐵製的滑片由下往上拉，就可使鉤子與扣眼一個個依次扣緊。賈德森把樣品送到西元 1893 年的哥倫比亞博覽會上展出，得到好評，並因此取得了專利。如今，拉鏈的品種不斷增多，其應用不只限於日用品，而且已進入研究室、醫療、軍事等領域，被譽為 20 世紀科技界的十大發明之一。

案例分析：

上述的創新都發生在你我身邊，而且被廣泛應用於生活之中，與我們的生活息息相關。其創新發明的方法與原理非常簡單，即模仿、組合、借用等。創新可以發生在你我身邊，更可以發生在你我手上。創新的密碼其實也可以很簡單，關鍵是我們要認真學習，留意生活中的細節，創新就會變得很容易。

創新，並不是科學家的專利，即便是在平凡職位上的人，也一樣可以有非常了不起的發明。作為普通人，不一定要依靠極度簡陋的條件去製造飛機、坦克車，但是，運用我們的聰明才智，掌握一定的創新方法，來解決我們生活、工作中的種種難題，或者再進一步，利用創新的思維方法，創造更多的社會財富和個人財富，何樂而不為呢？

人們每天的吃穿用度，衣食住行，都存在著無數的創新機會與空間，不管你想或者不想，見或者不見，它都在那裡。你認真去思考它、發現它，那它就會向你展示它的蹤跡；你如果渾渾噩噩，不懂得觀察，那就很難發現它的存在。

正如羅丹（Auguste Rodin）所言：世上並不缺少美，只是缺少發現美的眼睛。同樣，世上並不缺少創新的機會，只是缺少發現機會的眼睛。

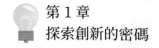
二 愛迪生可望而不可即嗎

湯瑪斯・艾爾發・愛迪生（英文名：Thomas Alva Edison，1847 至 1931），世界著名的發明家、物理學家、企業家，擁有眾多知名且重要的發明專利，被媒體授予「門洛帕克奇才」的稱號。他是人類歷史上第一個使用大量生產原則和電氣工程研究的實驗室進行發明而對世界產生重大深遠影響的人。

愛迪生擁有超過 2,000 項發明，包括對世界有極大影響的留聲機、電影攝影機、鎢絲燈泡等。在美國，愛迪生名下擁有 1,093 項專利，而他在英國、法國、德國等地的專利數累計超過 1,500 項。愛迪生的四大發明：留聲機、電燈、電力系統和有聲電影，豐富和改善了人類的文明生活。

以上內容是搜尋引擎中對愛迪生一生成就的描述。

縱觀愛迪生一生的成就，旁人的確難以企及，難道愛迪生真的遙不可及嗎？只要我們看看愛迪生的經歷，就可以發現，愛迪生其實也是一個非常普通的人，學歷只有小學三年級，小學時被老師斥為「低能兒」而被攆出校門（因「愚鈍糊塗」被勒令退學了），21 歲以前經常被「炒魷魚」，有時有點固執……這些都顯示了愛迪生只不過是一個普通的年輕人。可見幫助愛迪生產生偉大成就的並不是超高的智力。

毫無疑問的是，愛迪生的成功與他對什麼事物都保持好奇心、積極探索、堅持不懈密切相關。更重要的是，愛迪生掌握了常人所沒有掌握的創新方法 —— 創新密碼，這是他成功的關鍵所在。

每個人都可以成為愛迪生。因為每個人在很小的時候，都可能會對某一個小小的玩具感到興趣，然後會把它拆開進行探索，我們當中也有很多人能夠做到堅持不懈，積極探索。這裡的關鍵就是要學習和掌握創新的方法與密碼。

當前人們的創新領域得到了大大拓展，創新成果也日益在橫向和縱向上得到發展，創新可以發生在人們生產生活中的任一個方面，下面的案例展現了一個與人們生活息息相關而豐富多彩的創新領域。

案例：人人都可進行創新

1.1948 年，瑞士人喬治（George de Mestral）從外面散步回家，發現自己褲管上黏滿了一種草籽，黏得很牢，要花一定功夫才能把草籽拉下來。喬治感到很奇怪，他用放大鏡仔細觀察這種草籽。終於發現，草籽有一種鉤，他突然想：如果採用這兩種形狀的結構不就可以發明一個搭扣嗎？8 年後，世界上第一個魔鬼氈在喬治·梅斯倬手上誕生，這就是今天廣泛用的魔鬼氈。

2.20 世紀初，可口可樂飲料一直沒有找到合適用的瓶子，西元 1898 年魯特玻璃公司一位年輕的工人亞歷山大·山姆森（Alexander Samuelson）在和女友約會時，發現女友臀部突出，腰部和腿部纖細，非常好看，他突發靈感，根據女友的形象設計出一個玻璃瓶，並立即到專利局申請專利。這一款瓶子受到廣泛好評，最後可口可樂公司以 600 萬美元的天價買下此專利。此後，採用山姆森玻璃瓶作為包裝的可口可樂開始暢銷美國，並迅速風靡世界。

3. 藍牙技術已廣泛應用於各種生活領域。有人將藍牙技術與喇叭連接起來，於是就有了藍牙喇叭的誕生。藍牙喇叭指的是內置藍牙晶片，以藍牙連接取代傳統線材連接的音響設備，透過與手機、平板電腦

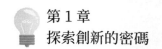
和筆電等藍牙播放設備連接，達到方便快捷的目的。藍牙技術不僅僅運用於電腦，像行動電話、數位相機、攝影機、影印機、傳真機、家電等許許多多電子設備都可以採用藍牙技術，實現無線連通，而不必拖一條尾巴。

案例分析：

上述的創新都發生在普通人手上，他們不是愛迪生，但他們卻做著與愛迪生同樣的事情 —— 創新發明。事實一再證明，只要我們保持探索的好奇心、堅持不懈地進行探索，我們一定也能做到愛迪生做到的，我們中也可以產生千萬個愛迪生。

當前有太多的人可以被稱為「愛迪生」。

撰寫《哈利波特》的 J.K 羅琳，你可以認為她是文學領域的「愛迪生」，她用她無窮的想像力，構建了一個全新的魔法世界。

創新無止境，不分領域，同樣地，也不用過於拘泥於大小。只要你創造出新生的事物並且有益於社會的發展進步，有益於個人的合理發展，那麼你就可以當一次「愛迪生」。

三　每個人都可以創新

　　創新從來就不是某些人的特權，在創新面前，人人平等。創新並不會因為人的經濟地位、年齡性別、國家民族而有所歧視。或者有些人會說，物質條件好的人，創新的條件也會好很多，這種觀點有一定的道理，誠然，可創新，都不會僅僅是思維的遊戲，思維只是創新的一個起點，創新最重要要落實，需要客觀物質條件的支撐。從這一點來說，創新是不公平的，因為人與人之間的物質條件必然會有差別；但是，幸運的是，創新的形式和方式是多元的，它的資源是如此豐富，以至於我們每個人 —— 只要你願意，都可以享受到創新的樂趣。

　　案例：家庭主婦發明花罐頭，獲利兩千萬日元

　　發明「花罐頭」的人是日本的一個家庭主婦，叫富田惠子。有一天，她的一位鄰居去歐洲度假，臨走時，把家中的幾盆花托她代養。由於沒有養花經驗，澆水施肥又不得法，這幾盆花竟落得花枯葉落的下場！

　　「怎樣才能使外行人也能養好花呢？」這個想法一直在她腦海中縈繞著。一天，她忽然想到能否把花草和罐頭結合在一起呢？「如果有可能，就好了，就像吃罐頭一樣，只要打開了放有泥土、花籽和肥料的罐頭，每天只要往裡面澆點水，外行人也能種出鮮豔的花朵，那該有多好啊！」

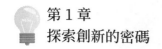

皇天不負有心人，在她丈夫的幫助下，富田惠子終於實現了這個願望。她按照嚴格的配方比例，在罐頭裡添裝了複合肥料、泥土和種子，然後再密封、銷售。

由於任何人都能靠澆水種好這種花，所以產品銷路很好，成了熱門商品。當年，她就獲利兩千萬日元，由一個家庭婦女一躍成為令人羨慕的企業家。

案例分析：

一個普通的家庭主婦都可以在日常生活中發明這種可以簡單種花的花罐頭並因此獲利兩千萬日元，說明一個道理：普通人也可以創新，人人皆可創新。創新並不與人的智力有必然的關聯！

日本在第二次世界大戰結束後的迅速崛起，有其強大的文化性——比如對創新的宣揚。日本文化裡面，平凡人創新創業的故事被廣為流傳，整個社會被一個個創新故事快速動員起來，形成巨大的文化氛圍，大量的案例被深度挖掘、研究，並成為指導生活與工作的樣本。

花罐頭的發明故事，僅僅是其中一個很不起眼的小案例，我們更應該重視的，是日本人對這一類小故事的廣泛宣揚。其實在亞洲國家，類似的故事絕不在少數，但是我們可以尋找到的材料卻是相當少，很多具有發明天才的亞洲人，往往都在歷史中泯沒了。

案例：70 歲老人發明月球儀，獲利 1,400 多萬英鎊

70 歲高齡的英國老人亞瑟‧華特遜，自退休後便沒有什麼事情可做，每天就待在家中看看電視、報紙，偶爾喝點酒消磨時光。有一天，亞瑟從電視上看到介紹月球探險的情景，節目主持人將繪有月球地形的地圖攤開，滔滔不絕地逐一加以說明。亞瑟感到很好奇，第二天他到商

店想買一個月球儀，但售貨員告訴他沒有月球儀，為什麼有地球儀而沒有月球儀呢？閒得無聊的亞瑟當即便想自己試著做月球儀，他考慮到地球儀有人用，月球儀也一定有人需要。說做就做，亞瑟開始動手並很快就做出了月球儀，並申請了專利，同時在報紙、雜誌、電視上刊出了廣告，世界各地的訂單絡繹不絕，亞瑟一年的營業額高達 1,400 多萬英鎊。

案例分析：

　　一位退休老人都可以由於對新鮮事物保持好奇心而進行創新並因此獲得巨利，何況是我們年輕人呢？年輕人對事物更敏感、更有精力、更有時間，只要願意進行創新探索，掌握一定的創新方法，創新就會在我們身上發生。

　　事實上，人人皆可創新。人們的創新力並不等同於智力。智力高的人如果不銳意創新，其創新力並不會高；而智力一般的人，如果具有創造性（即具有創新精神、創新思維和創新方法），其創造性可以很高。下面有兩個公式：

$$創造力＝智力＋創造性$$
$$創造性＝創新精神＋創新思維＋創新方法$$

　　很多偉大的發明家，其本身的智力也與普通人無異，如表 1-1 所示。

表 1-1 偉大發明家的「學歷」與貢獻

李時珍	落第書生	藥物學家
李春	石匠	設計了趙州橋
史蒂文生	放牛班	發明了火車
瓦特	工人	發明了蒸汽機
愛迪生	小學三個月	近 2,000 多項發明

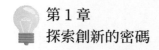
莫茲利	鐵匠	發明了車床
萊特兄弟	小學沒畢業	發明了飛機
齊奧爾科夫斯基	國中	提出了航太學和現代火箭理論

　　事實證明，任何一個平凡的人，都可以透過學習探索提高自身的創造力，實現創新夢。

四　尋找創新的密碼

很多人覺得，創新哪有什麼密碼？純粹是靈機一動的事情！

真的如此嗎？創新真的都是瞎貓碰上死耗子嗎？

也有些人覺得，創新是那些聰明的人才能做到的事情，爸媽給的腦袋不好用，所以自己與創新這件事根本是絕緣的！

真的是如此嗎？創新真的都是高智商者特有的專利嗎？

答案自然是否定的。

任何的創造發明、創新革命，都有其背後的邏輯可循。創新不同於買彩券──後者是個機率問題，沒有技巧可言，你所能選擇的，只是買或者不買，買多或者買少。創新有時候表現為科學性，它設計的領域包括心理學、管理學等，具備著系統理性的特點；創新有時候表現為藝術性，它可以展現出各種各樣的美感，具備著部分感性的特點。

很多創新事件的發生，其表現是偶然的，其背後的邏輯卻是必然的。我們要尋找創新密碼，就是要撥開層層的迷霧，在眾多表象中發現、思考其內在的本質，其穩定的規律。

尋找創新密碼，就如同在亞馬遜熱帶雨林中尋找寶藏。首先，你要有一張思維地圖，需要認識各種人類創新思維及其特點，從思想上樹立創新思維，然後才能動身出發；其次，在這個思維地圖中，標示了各種你在尋寶之旅中可能出現的各種各樣的思維上的障礙，你必須要繞開它們；再次，你要知道，找到寶藏的密碼絕對不止一組，你必須事先認真

學習並掌握這些密碼技巧，並能夠在身處充滿陷阱的熱帶雨林中熟練地運用這些技巧與方法尋找寶藏，你要用智慧的眼睛看透表層的偽裝，分析和整理大量的情報，然後找到你想要的創新寶藏；其四，你要去尋寶，就必須要有地圖，但原始的地圖是粗線條的，你必須學會根據地形地貌繪製地圖，並將之應用到尋寶中來；其五，如果你的尋寶之旅不是孤身前往，而是帶上了一群小夥伴，那麼你就可以借助大眾的力量加速尋寶，你就可能更快地找到寶藏，但你必須掌握利用大眾的團體性創新密碼；最後，自然是實際應用的問題了，當你做好了各種準備，穿梭於創新的尋寶之旅的時候，一個個具體的難題會等著你去解決。

第 2 章
跨越思維障礙

　　一個人想做點事業，非得走自己的路，最關鍵的是你會不會自己提出問題，能正確地提出問題就邁出了創新的第一步。

—— 李政道

　　創新的重要性不言而喻。在當代社會，「創新」隨處可見。報紙上的新聞、電視上的訪談、網路上的文章，無時無刻不在討論著創新的重要性。生活在現在這個世界，如果不懂創新，就等於放棄了主動權，只能等待束手就擒。思維創新作為創新實踐的起點，是我們首先要了解的內容。在這一章裡，我們將具體認識我們思維的盲點，從而讓我們在尋找創新密碼的旅程中，少走一些彎路。

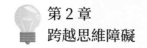

第 2 章
跨越思維障礙

一　妨礙創新的那些思維

時下流行一句話，叫「你永遠無法叫醒一個沉睡的人」，這句話的內在含義比表面的文字理解要深刻得多。其具體的含義我們無需在這裡展開論述，但是可以聯想到：「你很難叫醒一個思維被固化的人。」

我們的思維是一個很奇妙的東西，它一方面幫助你去認識事物，做對事情；另一方面又妨礙你認識事物，做錯事情。一旦人們被某種思維類型所束縛，他們往往是不到黃河心不死，甚至於頭破血流也在所不惜 —— 這種勇氣是值得稱道的，但是這種做法卻讓人頗為惋惜。

固化的思維猶如毒品，會讓人無法擺脫對它的依賴，依靠自身的認知能力去克服這種思維的定勢，往往是困難的。因此，最好的解決方法是，在思維定勢形成之前，我們就對其保持高度的警惕。當然，對於這些思維的弊病，首先還是要認清它們的本來面目，就好像我們對待毒品，了解其類型，明確其危害，才能讓自己真正走出其肆虐的空間。

現實生活裡由種種常規、習慣、表面含義帶來的限制往往使人對於現狀束手無策。我們在習慣的作用下常常忘記前人「路是人走出來的」的教訓，而變得裹足不前，這些限制就是束縛住思維創新的障礙。只有先認清這些障礙，我們才能做到知己知彼，從而在創新的過程中順利繞開它們。

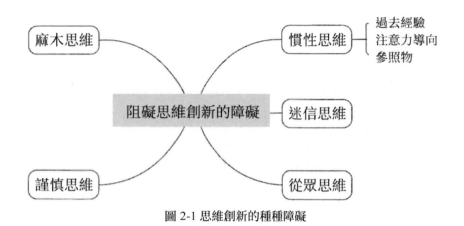

圖 2-1 思維創新的種種障礙

1. 慣性思維：從張藝謀的失算說起

物體有慣性，思維也具有慣性。物體的慣性是指一種抵抗的現象，它使物體保持現有的狀態，不論是靜止狀態，還是勻速直線運動狀態。同理，慣性思維（Inertial Thinking）指人們在習慣了某種認知與思考方式後，對於任何事物都人為習慣性地因循以前的思路思考問題，就像物體運動的慣性。當人們習慣於某一種思維慣性後，就會慣性按照這種思維來行事，不能突破成見，看到事物的其他細節，從而造成鑽死胡同的局面。以下就是沒有突破慣性思維造成的失敗案例。

案例：張藝謀的「失算」

自《英雄》以來，亞洲電影進入大片時代。高投入、大製作、大陣容成為亞洲電影的盈利模式，但是這些大片往往取材古代軍事題材，重場面輕故事，大力拍攝所謂的「大場面」。人稱「電影國師」的張藝謀，在 2011 年依循大片模式炮製出「戰爭史詩」《金陵十三釵》，影片投資高達 27 億元新臺幣，加上其他支出，實際上需達到 13 億元的票房才能回收投資。然而，在經歷了兩三年的熱潮之後，消費者開始感到審美疲

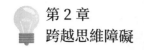

勞，大片票房逐漸疲軟，雖然電影宣傳鋪天蓋地，但票房不佳，最後票房總數只勉強達到 5 億元左右，最終慘淡收場。

案例分析：

> 張藝謀對怎樣拍電影自然是得心應手，經驗豐富。也正是過去的經驗告訴他只要遵照之前的成功模式，就可以順風順水。殊不知，觀眾本身是一個變化的客群，其審美和需求在幾年間已經發生了巨大變化。在節日檔期，輕鬆幽默的電影變得更能抓住商機。其實張藝謀和他的團隊也並非不知道這種趨勢的存在，但最終他還是無法打破慣性思維，票房的慘淡自然是情理之中。

反過來，打破慣性思維，往往能產生意想不到的效果。不只是電影業需要打破慣性思維，很多事物都要與慣性思維說「再見」。

慣性思維在日常生活中有多種表現形式，通常來說，包括以下三種類型：

（1）過去經驗

「經驗」二字表示人從實踐中得來的知識或技能。這些知識或者技能往往能幫助人在面對新的實踐情況時作出判斷並解決問題。然而，現實生活總是千變萬化，過去透過實踐獲得的經驗既然是過去的，那麼在面對新情況時常常會有遇到用經驗無法解決的問題。這時候如果一直拘泥於過去的經驗中，不對現實做出新的合理的判斷，那麼創新自然就無從談起。過去經驗可以說是最典型的一種慣性思維，要突破它，就必須勇敢地和自己過去所累積的經驗說再見，不能因循守舊，受困其中。

典故：

《三國演義》中，曹魏派司馬懿掛帥進攻蜀國街亭，諸葛亮派馬謖駐守失敗。司馬懿率兵乘勝直逼西城，諸葛亮無兵迎敵，但沉著鎮定，大開城門，自己在城樓上彈琴唱曲。司馬懿懷疑設有埋伏，引兵退去。後人將此計謀稱為「空城計」。

注解：

司馬懿父子被空城計所蒙蔽，正是他們慣性思維作祟的結果。相反，諸葛亮就是看準了司馬懿父子受困於慣性思維，知道他們看到城門打開一定會順勢認為諸葛亮擁兵眾多，因此不敢輕舉妄動。可以說，這是諸葛亮對慣性思維的反利用。

案例：手機巨頭 Nokia 的衰落

Nokia 是芬蘭手機品牌，是主要從事行動通訊產品生產的跨國公司。由於專注於傳統一般手機產業的研發，Nokia 一般手機在當時具有極佳的用戶品牌效應。自 1996 年以來，Nokia 連續 14 年占據市場占有率第一，遙遙領先其他手機品牌，風頭一時無二。

但是好景不常。智慧型手機操作系統開始崛起，並迅速搶占 Nokia 的已有市場。但面對新的形勢，Nokia 沒有及時調整策略，儘管不斷更新自己的 Symbian 系統，但是顯然已經完全無法和市場主流的手機操作系統抗衡。於是 Nokia 全球手機銷量第一的地位在 2011 年第二季被蘋果及三星雙雙超越。

案例分析：

這可以說是過去經驗阻礙企業創新求變的典型例子。Nokia 手機的確曾有過一段無比輝煌的時期，它生產的一般手機以實用、耐用廣受好評，

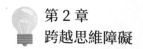

一直到現在還為人津津樂道。也許是這樣的輝煌帶給 Nokia 公司只要做好一般手機就能持續興盛的經驗，此後 Nokia 數次推出新手機新系統，也都沒有嘗試走出傳統一般手機的圈子。

Nokia 沒有意識到的問題是，手機不管變不變，消費者一定會變。社會經濟在日新月異之下，消費者不可能一直滿足於同一種類型的產品。當過去的經驗已經無法對現在和未來的新情況帶來幫助時，就應該勇敢地拋棄這種經驗，探索新的道路。但是很可惜的是，Nokia 一直固守著它過去十幾年輝煌時代時的模式，而新型崛起的對手們則快速突破，紛紛搶占市場。直到大敵當前、兵臨城下，Nokia 才嘗試推出 Windows Phone 等新系統，無奈為時晚矣。現在的 Nokia 要想重現當年的輝煌，幾乎不可能。

圖 2-3 經驗是如何影響創新的

（2）注意力導向

一個人的注意力是一個集中於某一個方面的心思。也就是說，注意力是有方向的，這個方向經常受到某些暗示的引導，這便是注意力導向。當導向是對的，自然容易找到解決問題的辦法，但是當導向本身是錯誤的，好比一塊錯誤的路標，那麼不管我們怎麼走都走不出思維的迷宮。

我們在回答「用兩條腿走路的老鼠是米老鼠，那麼用兩條腿走路的鴨子是什麼鴨子？」這一腦筋急轉彎問題時，一開始跳入腦海的答案是

否是「唐老鴨」？這就是注意力導向對人的影響的體現。在這個問答裡，第一個問題的答案「米老鼠」所暗示的卡通片《米老鼠與唐老鴨》其實就是一種注意力導向。它引導回答者的注意力往《米老鼠與唐老鴨》中，於是回答者甚至忽略了真實的情況，從而脫口而出只有唐老鴨是用兩條腿走路的。其實只要回答者稍微冷靜一下，就能立刻發現問題的破綻「所有鴨子都用兩條腿走路」，但是其實很少有人能夠做到。這就是注意力導向的威力。所以，當我們沉浸於自己的思考中卻百思不得其解時，不妨往回看看自己是不是一開始就受到了某種錯誤的注意力導向的影響。也許換個角度想問題，迷宮的出口就在眼前了。

（3）參照物

參照物其實是一個物理意義上的概念，它是用來判斷另一個物體是否運動的物體，因為物體不論運動還是靜止，都是相對於另一個物體而言的。把這個意義延伸開來，日常生活也有各種參照物。比如說我們要在牆上掛一幅畫，這時候我們需要一條水平的線來確保畫掛得正，這條線便是一個參照物。思考問題時我們要需要一個用來幫助判斷與參考的參照物。參照物選得好不好，其實很重要。

參照物思維隨處可見，我們在思考問題時也會有自己的參照物，只是有時候我們自己沒有察覺而已。比如，父母鼓勵小孩要上進，常說不能總跟成績差的同學比，要跟那些成績好的同學比。這就是一個父母給小孩指定正確的參照物的典型例子。當小孩以成績優秀的同學為參照物，他們更容易發現自己的不足，從而更加努力。所以，我們總是會在思考時幫自己找個參照物。如果參照物選錯了，就容易造成目標的錯誤，進而走進思維的盲點。

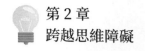

2.「十大愚蠢的科技預言」透露的迷信思維

迷信思維指的並非是對神靈鬼怪的迷信，而是對於所謂權威、專家、教條、課本等不假思考地全盤肯定，即使其中有錯誤的地方也從不加以質疑。對他人的偏聽偏信本質上是對自己的不自信，因此需要透過對外界權威的追隨來使自己獲得安全感。現實生活裡某些商家和企業很喜歡利用人的迷信思維為自己進行宣傳行銷。比如隨處可見的明星廣告與專業機構認證。但是對一個要力求創新的人來說，迷信思維則是要不得的。

典故：

少年孟子家住墳墓附近，於是孟子常學人辦喪事，孟母見此情景，認為這裡不適合兒子，於是就帶著孟子搬家到市場附近。孟子又玩起了學商人買賣的遊戲。孟母覺得這裡也不適合兒子，於是又搬遷到書院旁邊住下來。孟子以進退朝堂的規矩作為自己的遊戲。此時，孟母說：「這正是適合安頓我兒子的地方。」於是就定居下來了。等到孟子長大了，學成了六藝（禮、樂、射、御、書、數），最終成為了聖賢。

案例：十大愚蠢的科技預言

國外媒體曾評出十大愚蠢的科技預言。這些預言曾經無比肯定地對未來生活地某些方面提出了預測，而後來的事實又證明這些預言都只是無稽之談。這十條預言以下：

「電話」有太多缺陷，不能被視為一種通訊工具。

——美國西部聯合電報公司內部備忘錄，西元 1876 年

我認為全球電腦市場的規模是 5 臺。

　　　　　—— 湯瑪斯‧華生（Thomas Watson），IBM 董事長，1943 年

全球影印機市場的規模至多為 5,000 臺。

　　　　　　　　　—— IBM 高層致全錄創始人信函，1959 年

ENIAC 擁有 18,000 個真空管，重達 30 噸；未來的電腦也許只需要 1,000 個真空管，重量可能為 1.5 噸。

　　　　　—— 《大眾機械》（*Popular Mechanics*）雜誌，1949 年 3 月

我告訴你們，VHS 錄放影機之於美國電影產業和公眾，就相當於波士頓殺人狂之於單獨在家的婦女。

　　　　　　　　　　　　　　—— 傑克‧瓦倫蒂（Jack Valenti），

　　　　　　　　　　　　　美國電影協會主席，眾議院證詞，1982 年

不要出售你們持有的煤氣公司股份。電力照明沒有未來。

　　　　　　　　　　　—— 約翰‧亨利‧佩珀 （John Henry Pepper），

　　　　　　　　　　　　　維多利亞時代著名科學家，西元 1870 年

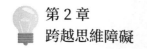

電視機在 6 個月後就難以守住它開拓的任何市場，人們將很快對每晚盯著一個塑膠盒子感到厭煩。

> —— 達利·扎努克（Darryl Zanuck），
> 20 世紀福斯公司製片人，1946 年

電視的問題是人們不得不盯著一個螢幕看，而普通美國人沒有時間做這件事。

> —— 《紐約時報》（*The New York Times*），1939 年

以訂閱模式購買音樂會導致破產。我認為你可以將《Second Coming》這首歌納入訂閱模式，但這有可能失敗。

> —— 賈伯斯，蘋果 CEO，
> 《滾石》（*Rolling Stone*）雜誌，2003 年 12 月 3 日

飛機是有趣的玩具，但不具備軍事價值。

> —— 費迪南德·福煦（Ferdinand Foch）元帥，
> 法國高級軍事學院策略學教授

無線音樂盒不具備可以想見的商業價值，誰會為一段不針對任何人特別送出的資訊而付費呢？

> —— 大衛沙諾夫公司（Associates of David Samoff）
> 回信答覆投資無線電的問題，1921 年

令人驚訝的是，這些愚蠢的科技預言大多出自於各個產業的權威人物之口。這些權威人物的預言在當時也許聽起來極具說服力，也曾被很多人追隨推崇，但只有事實自己才能證明最終結果是怎樣。

案例分析：

　　某些業界權威所說的話常常會受到許多人的追捧，並奉為行動指南。但是儘管他們曾經在某些領域取得巨大的成就，卻並不代表他們不會犯錯誤，甚至有些時候，他們往往會被自己巨大的成功所蒙蔽，反而失去對事物應有的判斷力。

在生活和工作中，我們常常因為未知而恐懼，因為未來的不可預測而顯得無所適從。所以在很大程度上，我們需要權威人物來給我們做出指引，這是現實的需要，也是為何迷信思維大行其道的內在原因之一。但是，我們不可能只生活在偉大人物的背影之下，我們需要獨立地思考，需要創新的想法，需要向權威說「不」。最愚蠢的做法，莫過於用別人的錯誤來懲罰自己。

案例：鄭人買履

春秋戰國時代有一個鄭國人要去買鞋，於是先用繩子比劃好自己腳的大小，準備等會兒在鞋店用這根繩子來試鞋子的尺寸。可到了鞋店卻發現忘記帶了，於是他又急急忙忙跑回家去，等拿了繩子回來集市卻都散了。旁人問他為何不直接用自己的腳去試鞋，他回答說自己寧可相信繩子也不相信腳。

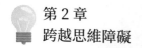
> **案例分析：**
>
> 　　後人常用上述這個故事來諷刺那些迷信教條的人。鄭人犯的最大錯誤就在於他把「買鞋」這件本可以由自己的腳實際考量的事情交給那根繩子，繩子在這裡就成了一種權威。古人用這種幽默的方式諷刺了那些有迷信思維的人。

　　即使到了今天，迷信思維也依然存在。要打破迷信思維，就應該勇於質疑權威。不能過分相信他人，但要堅定相信自己。類似的例子俯拾皆是。它們都告訴我們，其實權威存在的意義就是等著後人透過自身努力來打破。只有突破迷信思維，才能跨過創新的那道坎。

3.「小心駛得萬年船」嗎

　　所謂「小心駛得萬年船」就是指謹慎思維，是指對外界或者自己的言行都保持小心仔細的態度，以免出現差錯。這在日常生活中是一種很有用的態度，常言道「小心駛得萬年船」，謹慎的態度可以幫助人及時規避風險，保持穩定。但是每當你需要突破時，謹慎往往就會成為你的羈絆。凡事都應該有個分寸，謹慎也是如此。過分的謹慎會讓人惶惶不可終日，無法鼓起勇氣跨過眼前的障礙。須知機遇伴隨風險，要把握機遇就必然會有風險。是否要冒險則應該根據形勢冷靜理智地思考，而不能一味只求安穩，畏手畏腳，反而錯失了機會。

　　案例：羅傑斯（Jim Rogers）的失誤

　　與全球知名的巴菲特一樣，羅傑斯也是一位響噹噹的投資大亨。他最經典的投資案例就是在 1987 年美國股市大跌前及時拋空從而大賺一筆。但是羅傑斯的職業生涯也有過巨大的失誤：1964 年羅傑斯在分析了全球市場的需求後，認購了一支鋼鐵公司的股票，但這支股票在很長一

段時間內卻顯得十分疲軟。儘管羅傑斯確信自己對全球市場的分析並沒有漏洞，但他對於遲遲不漲的股票還是感到坐立不安，最後他還是將股票轉手。但也正是轉手後半年，這支股票開始大漲至原價兩倍，5 年後漲了 6 倍，後來這支股票成就了全球鋼鐵巨頭 —— 卡內基鋼鐵公司。羅傑斯就因為過分謹慎錯過了一個大好機會。

案例分析：

> 事實證明羅傑斯對全球市場的預測和判斷是非常到位的，股票也像他預料得一樣飛漲。但他自己卻享受不到任何成果 —— 僅僅只是因為謹慎，因為一時的受挫讓他無法對自己的判斷保持冷靜，所以他改變了策略，也走向了失敗。也難怪後來羅傑斯會總結道：「投資者越謹慎，投資機會就離投資者越遠。」

有人說，股市就是一種信心經濟，大家都相信股市會漲，那股市就會漲，大家都覺得股市會跌，那股市就會跌。但是，任何的市場，無論是房地產市場還是股票市場，其承載力都是有限度的，在一定時期內，不可能無節制地增長，一旦超過了特定的範圍，神話就會像泡沫一樣破滅。

古語「不入虎穴，焉得虎子」，說的就是不經歷危險就不能成就大事。那麼要「入虎穴」就必然要放開膽子，如果一直被謹慎心理牽絆，就真的是「焉得虎子」了。

4.「人云亦云」的從眾思維

從眾思維就是依著大多數人的意見，人云亦云，他人怎麼行動，自己就跟著怎麼做。這種思維有時候的確很有安全性，跟著別人實驗過的

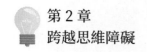
方法走，出錯的機率比較小。但是也正因為它的保險，常常成為創新突破的阻礙。

　　不入虎穴，焉得虎子。

—— 《後漢書·班超傳》

案例：從眾投資的後果

　　1969 年整個華爾街十分瘋狂，面對連創新高的股市，股民瘋狂湧入證券市場購買股票，金融界一派繁榮興盛。幾乎所有人都無法冷靜下來去思考股市大漲背後的原因。於是，接下來由於股市投機過度帶來的股災幾乎摧毀了整個全球金融體系。當時的華爾街，到處都是破產者和失業者。當然，也有獨善其身者 —— 股神巴菲特在手中股票漲到 20% 的時候就非常冷靜地悉數全拋，於是他安然度過了危機。

　　2000 年，全世界股市出現了所謂的網路概念股，巴菲特卻稱自己不懂高科技，無法投資。一年後全球出現了高科技網路股股災，巴菲特再次獨善其身。

案例分析：

　　其實華爾街和股市已經上演過太多次這樣的戲碼了，究其原因，經濟波動是根本，但是股民們狂熱的心態和隨波逐流的做法也難逃其咎。從不冷靜分析，只跟著人群走，最終只能失敗。

　　而巴菲特就是成功跨過從眾思維這個障礙的最佳詮釋。有太多次，巴菲特頂著巨大的壓力，做出和外界預期完全相反的投資，令眾人瞠目結舌。但事實證明巴菲特的判斷是對的。這一方面的確因為巴菲特具有

常人無法企及的準確驚人的預判能力，但同時也與其對自己判斷的堅持和堅信不無關係。如果巴菲特像其他人一樣，人云亦云，三人成虎，輕易地懷疑自己的判斷、改變自己的判斷；在外界懷疑驚奇的壓力之下輕易動搖，那麼巴菲特就必然無法成為股神，只能成為千萬股民之中普通的一位了。

隨波逐流，是團體行為的慣性，其背後的邏輯是：大家一起去做的事情，往往給人安全性最高的錯覺，因為人的自信是有限的。作為普通人來說，並沒有太多標新立異的勇氣，因此大多數人選擇了從眾。

其實，眾人的思維也有犯錯的可能，這時眾人掌握的可就不是真理了。一個人、一家企業想要發展，想要創造自己的輝煌，那就應該冷靜分析周圍的環境，客觀地對存在的情況做出準確的判斷，並堅定地做出選擇。如果連自己的觀點和看法都無法形成，那麼創新也就無從談起了。

5. 麻木了：自有品牌服裝企業的困境

思維上的麻木指的是對外界事物反應很不靈敏，對於外界出現的新資訊和新事物，常常不甚敏感，不會主動去尋找其中的特別之處。這就好比當你的一隻手臂麻痺了，那麼不管怎麼刺激它，它都不能迅速地作出回應。手臂麻木後有時間慢慢恢復，可一旦思維麻木使自己陷入危機，就沒有時間恢復了。

案例：自有品牌服裝企業的困境

近幾年來，亞洲某自有品牌服飾企業開始被大量庫存衣服和鞋子壓得喘不過氣來，幾乎被逼上了絕路。這些企業曾經有過非常良好的發展勢頭，並在激烈的競爭中成為眾家服裝品牌的領頭人。但是這些品牌在企業運轉進入正軌後，卻開始變得保守，在許多需要改革轉變的時刻都

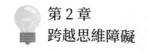
按兵不動。在行銷方式、宣傳活動等需要及時調整更新的方面卻遲遲沒有推陳出新的動作。於是，近幾年滿街上可以看到該品牌「買一送一」等自降身價的行為。

案例分析：

> 　　前幾年這些自有服裝品牌曾經風光一時。但是企業的發展是動態的，它無法按照一種不變的模式持續運轉下去。這些企業犯的錯誤是在企業發展良好時產生了麻木思維，沒有時刻保持警覺性，對企業的運轉進行調整改革。相反，近幾年新崛起的日本服裝品牌優衣庫由於從行銷方式到宣傳方案一直保持推陳出新的勢頭，已經迅速成為全球服裝品牌的新貴。

　　在這裡必須提到一個與麻木思維有密切關係的實驗。如「溫水煮青蛙」的故事所說，青蛙的悲劇來自於牠對環境習慣後產生的麻木。一開始牠保持著敏銳與警覺，對於環境的變動迅速做出反應，於是得以逃生。但是當環境舒適時，牠放棄了原有的敏感和警惕；環境產生變化時，牠便措手不及，命喪沸水之中。

　　麻木思維是創新過程中一個很可怕的敵人。只要是創業，都必須對環境保持高度的警覺狀態，環境中任何細微的調整都可能帶來巨大的變化，從而影響企業的生存發展。「見風轉舵」正是每個創業者都需要擁有的特質。

　　事實上，當人一旦習慣於自己的生存環境時，麻木這種狀態就很有可能出現。譬如一個人家住在垃圾場旁邊，最初他可能會覺得無法忍受，但隨著時間推移，他最終會對垃圾場產生免疫作用，對於惡臭也可能沒有感覺。因此，不沈溺於自己的環境，對於任何風吹草動都不放過，隨時保持待命戰鬥狀態，擺脫麻木思維的束縛，才能敏銳地去發現生活裡每一個細枝末節，並快速做出調整，成為思維創新的贏家。

二　心態是最重要的關鍵

人不怕想法多，就怕沒想法。

所謂有想法，是指腦子靈活，有自己獨立的判斷和主見。有想法的人，有時候顯得並不那麼安分守己，甚至有時候會表現得有些另類，但是往往最天才的設計，就源自這些人的大腦。

1. 洞悉未來 —— 做一個未來學家

世界是不斷變化著的，尤其是在經濟與科技高速發展的今天，幾乎沒有事物能夠 10 年保持一成不變。社會會變，人也會變。10 年前的消費者和 10 年後的消費者，必定有著不同的需求。如果能準確掌握未來的市場需求，就能率先主導市場。

案例：泡麵的發明

1950 年代末 60 年代初，日本經濟進入快速發展時期，人們生活節奏明顯加快。安藤百福看到了這種變化中的商機，決定研製快速沖泡後食用的拉麵。他在家裡專門搭出一間小屋，埋頭研製泡麵。

當時關於拉麵保存、配料調料壓縮儲存的技術幾乎是一片空白，安藤需要從頭做起。而且就算研製成功，成本的高昂使泡麵價格必然不菲。因此當時許多人都對安藤的想法提出了質疑。有人冷言冷語地說，烏龍麵一碗才賣 6 日元，「雞肉拉麵」會有銷路嗎？

不料，在市場宣傳、免費品嘗等攻勢下，泡麵很快在日本列島掀起熱潮。不停有好奇者打來電話問：「聽說你們那裡有加熱水就能吃的魔術

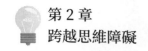
拉麵。」安藤百福開始了自己今後一輩子的事業，時年已 48 歲。當年年底，安藤創立日清食品株式會社。

案例分析：

　　安藤能堅定地進行泡麵的研製，並最終取得成功，信心來自於他對於未來的準確判斷。他看到了戰後日本經濟重建的迅速開展，並由此判斷日本經濟將快速起飛。社會經濟發展帶來生活節奏加快，人們的生活將不再像以前一樣悠閒輕鬆，在飯館等待上菜的時間也不再可能存在。既然如此，人們就需要能快速解決自己用餐問題的方法。由此，安藤看到了泡麵存在的必要性，於是他開始了這項研製，並最終成為日本的泡麵之王。

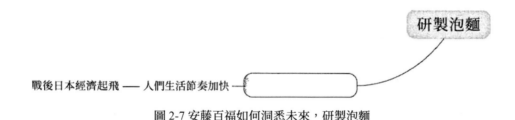

圖 2-7 安藤百福如何洞悉未來，研製泡麵

　　洞悉未來對任何事物得來的發展都是極其重要的。10 年前普通的一般手機能夠滿足大眾需求，20 年後一般手機難覓其蹤，取而代之的是功能越來越強大、操作系統越來越人性化的智慧型手機。而那些提前預知到智慧型手機將取代一般手機並投入研發的企業，就成為了現在的市場霸主，比如蘋果與三星。

　　既然社會與人都在不斷變動，那麼創新就應該面向世界，面向未來。這一點要求人在心態上必須是開放的，能夠洞察世事，體察細節。清朝以天朝大國自居，固守閉關鎖國政策，對於外面的世界不管不問，卻不知自己已被遠遠甩在時代之後。這是清朝政府心態不夠開放的後果。

世界上本來是沒有路的，走的人多了，就成了路。

—— 魯迅

同時，創新也要求人的眼光必須是長遠的，不能只顧當下，不管將來。人當然無法準確地預知未來，但是人可以透過對現在世界的觀察與掌握，掌握規律，推測未來的趨勢。就像安藤百福透過對日本經濟的觀察考量，推測出了未來世界人們的生活節奏，從而研製泡麵，建立了自己的商業帝國。類似的案例還有很多。當智慧型手機興起，且市場上蘋果與三星占據半壁江山時，小米科技創辦人雷軍敏銳地看到了研發一款廉價實用並且符合年輕人使用需求的智慧型手機的必要性。於是雷軍果斷創辦了小米科技，推出了小米手機，小米科技的成功，說明了未來趨勢對於當下成功的重要性。毫無疑問，在不斷變化的社會之中，想要成功，就必須擁有洞悉世界、洞悉未來的心態。

2. 價值原則 —— 有價值的創新才有意義

價值指的是一種東西或一件事呈現出來的積極的一面，並且透過這積極的一面能給人帶來什麼。價值原則，就是人類按照自己的標準和需要去認知和改造世界，使社會適應人類的生存和發展。換句話說，價值原則是人創造創新要牢牢掌握的原則，因為人的創造創新，根本目的就是為了獲得價值。因此，評價某件事情是否有價值，就要看這件事是否能給人帶來價值，能否創造價值，否則，這種創新就是沒有意義的。

隨著對知識產權保護的力度加大，專利申請在亞洲各國日漸勃興，但大幅上升的專利申請中，只有部分與增加創造力有關。一些所謂專利不過就是在現有技術基礎上加一些小零件便申請了專利。這種為創新而

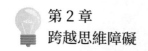
創新的行為，不但不能改變人的生活，更因為無法產生價值而早早被社會淘汰。相反，幾百年前的荷蘭，卻因為一種新的切魚方法成為世界強國。那時的荷蘭和周邊國家一起共享大西洋裡的豐富鯡魚資源，單純捕撈無法占據優勢。後來一個漁民發明了一種能一刀切除魚的內臟的方法，因此鯡魚能長期保存。於是荷蘭的鯡魚開始遠銷歐洲內陸，荷蘭因此累積大量財富，一躍成為歐洲強國。從價值這個角度講，這位漁民的創造不遜於任何一項偉大發明。

創新的核心就在於價值，人總是要追求更好更多，假如創新無法帶來更多價值，又有誰願意耗費心力去埋頭苦幹呢？因此當我們在思考如何創新時，應該從本質的價值問題出發，考慮怎樣才能賦予創新價值，怎樣才能使創新的價值最大化。只有這樣，我們創造出來的東西，才能具有意義。

你若喜歡自己的價值，你就得替世界創造價值。

—— 歌德

3. 新穎實用 —— 新的體驗，新的感覺

所謂創新，所側重的就是事物的新穎性。同時，在新穎的要求下，也要實用。老掉牙的想法我們嗤之以鼻，中看不中用的東西，也是讓人不敢恭維的。將事物化繁就簡，去掉華而不實的部分，不僅可以降低成本，同時也能簡化程序並且以其便捷吸引目光。追求新穎實用原則，是創新點子的一大特徵。

案例：宜家家居廣受歡迎

宜家是全球最大的家具家居用品商家，在全球 38 個國家擁有 311

家賣場，年銷售額可超過 200 億歐元。宜家與其他家居商家最大區別在於，它堅持提供種類繁多、美觀實用、老百姓買得起的真正的家居用品。在宜家，賣得最好的產品是它為了解決年輕人住房空間緊張而專門設計的收納型產品和折疊式家具。如小件衣服收納盒、領帶架子、可拆卸餐桌等。這些產品一方面設計新穎、外觀獨特，另一方面很好地解決了年輕人居住空間狹小而帶來的擁擠問題，可以說是新穎實用的典範。

案例分析：

　　宜家的家具能賣遍世界，與其新穎實用的原則有緊密的關係。假如，宜家主打的是奢華高端的頂級家居，那麼宜家的足跡就無法遍布全世界。因為奢華高端是屬於小部分人的，這樣的定位就注定了市場的侷限。同時，在宜家之前已經有不少高級家具公司存在了，宜家沒必要去搶這一塊本來就不大的蛋糕。所以宜家準確巧妙地打出了新穎實用這一招。利用家具巧妙的設計吸引顧客目光，透過實惠的價格推動銷量的提升，而這一切還是在不放棄家具品質的前提下。於是宜家家居順理成章地成為了世界家具界的霸主。

　　宜家不僅透過家具的設計體現了新穎實用的原則，在經營管理上的任何一個細節都體現了這一點。

　　除了宜家，7-11 便利超商也是貫徹新穎實用原則的創新典範，分布在車站、鬧市路口的 7-11，比起沃爾瑪這樣的大型連鎖零售超市只能算是小型超市，但它也依舊能在零售業占據重要地位。原因在於它將自己定位為為上班族服務的便利商店。店內的商品種類不多，但都是上班族們每日上班必不可少的。例如雜誌、便當、口香糖等。7-11 並不要求自己成為大型零售超市，而是要成為新穎實用的便利商店。這樣的理念，

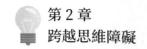

自然能吸引上班族們的青睞了。因此，在尋求創新的路上化繁為簡，爭取做到新穎實用，往往能收到不錯的效果。

4. 簡單是美 ——「傻瓜相機」出現的道理很簡單

簡單是美。「懶人改變世界」這句話其實是有道理的。縱觀人類社會的發展，無論在哪個方面，人都能不斷得到更簡便的結果。電梯的發明是為了方便人上下樓梯；汽車的發明是為了讓人出行更簡便；洗衣機的出現是為了讓人擺脫洗衣板的束縛 —— 由此可見，人類具有一種「懶惰」的天性，在這種天性的驅使下，人會更傾向於選擇那些能使人的生活更為簡便簡單的結果。

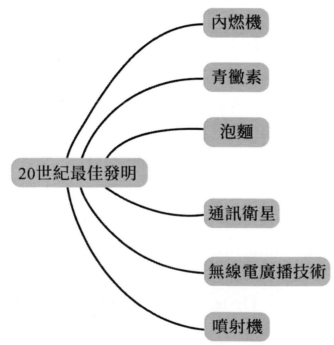

圖 2-9 外媒評選 20 世紀最佳發明，它們都使人類生活變得更為簡單

案例：傻瓜相機的發明

西元 1866 年之前，照相機都只能在專業照相館使用，因為它們不僅體積大攜帶不便，同時還要求使用者具有一定的攝影專業技能，拍照前需要先調焦距、調光圈、設置數值等。柯達公司首先發明了世界上第一部輕便、小型，而且操作簡單、人人可使用的照相機，它的廣告詞就是──您只需按下快門，其他一切交給我們去做。1964 年日本人進一步改造了這種相機並命名為「傻瓜相機」。「傻瓜相機」上市之初，就創下了 750 萬部的相機銷量的最高紀錄，也由此開創了柯達公司的輝煌時代。

案例分析：

「創新」在科技上的體現尤為突出。科技發展日新月異，任何技術似乎都變得越來越高級、越來越複雜。但仔細研究，就可以發現其實這些科技創新都出自於簡單原則。柯達發明「傻瓜相機」，就是為了擺脫原有相機的複雜難懂，讓每個人都能使用照相機。既然每個人都能用，那麼每個人都有可能去買，於是柯達取得了成功。

有一款旋轉式密碼 USB，誠心推薦給既擔心資料安全又不願安裝安全軟體的懶人們。有了它就相當於擁有了一個簡易資料保險櫃。USB 環狀的柄就如同保險櫃的密碼轉盤，只有輸入預先設定的密碼，USB 接口才能打開。這樣一來，你無需任何設置，不用安裝軟體、不用更新升級，牢記密碼即可。

一個世紀前，奧地利科學家馬克斯·舒施尼（Max Schuschny）發明了塑膠袋。由於塑膠袋簡單輕省，耐用而且廉價，很快就風靡全球，成為人們日常的必備品。塑膠袋的使用持續到今天，每天依舊有不計其數

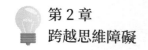
的塑膠袋被生產出來。雖然塑膠袋給環境帶來了巨大的危害，但它依舊沒辦法被取代，根本原因就在於它的便利使人產生了依賴。

　　簡單是終極的複雜。

—— 達文西

　　反之，也有很多發明因為使用過於繁雜而被淘汰。如算盤在計算機發明之後就變成了人類懷舊的工具；留聲機在錄音機發明之後就變成了古董。可以看到，人類創新的歷程就是一個把已經存在的東西進行簡單化的歷程。因此「簡單」兩字，是創新改革的不二法門。

5. 接受風險 —— 怕風險就難創新

　　「風險」一詞聽起來很可怕，但第一個吃螃蟹的人之所以被人敬重，就在於他們的勇氣和嘗試之後帶來的效益。沒有人想遭遇風險，每個人都希望可以一帆風順。但是天下沒有免費的午餐，要想有所收穫就要有所付出。這在經濟學上屬於一種成本。害怕風險，其實就是慣性思維在作祟。因此，若想創新，就必須接受風險。古時神農氏嘗百草，冒著生命危險，可以說九死一生，但後人代代相傳他的美名。

　　同時還必須指出的是，風險本身也是有正面意義的。風險的存在使人提高警惕，並不斷完善自身以規避風險。就像草原上狼與羊的關係，狼的存在使羊保持警覺，並且不斷汰弱留強，使羊群能夠生生不息。但是一旦羊群失去天敵，過度繁衍就會帶來自身毀滅的災難。所以說，風險使人清醒。因此，我們更應該直面風險。

　　關於直面風險、勇敢創新的例子非常多，體育界更是普遍。亞洲某

國家職業網球自 2008 年開始了單飛模式的嘗試，它允許網球運動員脫離國家體制，自主參賽，自負盈虧，這使得運動員一下子面臨著巨大的經濟壓力，因此敢主動提出單飛的運動員非常少。但少數幾位運動員單飛之後，由於經濟壓力巨大，他們比賽與訓練更加刻苦，成績突飛猛進，同時也為自己帶來了巨大的經濟利益。2013 年該國運動員財富排行榜，三位單飛網球選手全部入圍。可以說，他們的成功，是對他們勇於直面風險、放手一搏的最好獎賞。

　　如果你不敢冒險，你就注定平凡。

—— 吉米‧羅恩（Jim Rohn）

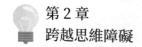
三　左腦與右腦的開發

　　左右腦分工理論是美國心理生物學家斯佩里博士透過著名的割裂腦實驗證明的。理論認為，正常人的大腦有兩個半球，由胼胝體連接溝通，構成一個完整的統一體。在正常的情況下，大腦是作為一個整體來工作的，來自外界的資訊，經胼胝體傳遞，左、右兩個半球的資訊可在瞬間進行交流（每秒 10 億位元），人的每種活動都是兩半球資訊交換和綜合的結果。大腦兩半球在機能上有分工，左半球感受並控制右邊的身體，右半球感受並控制左邊的身體。

　　左右腦分工理論指出：左半腦主要負責邏輯理解、記憶、時間、語言、判斷、排列、分類、邏輯、分析、書寫、推理、抑制、五感（視、聽、嗅、觸、味覺）等，思維方式具有連續性、延續性和分析性。因此左腦可以稱作「意識腦」、「學術腦」、「語言腦」。右半腦主要負責空間形象記憶、直覺、情感、身體協調、視知覺、美術、音樂節奏、想像、靈感、頓悟等，思維方式具有無序性、跳躍性、直覺性等。

　　左右腦的不同功能和分工造成了利用上的不均衡。事實上，人類的大腦潛能無窮，目前對於人類大腦的有效使用，科學家並沒有給出準確的數據，但是普遍肯定的是，人類的大腦有 90% 處於休眠狀態。也就是說人類以 10% 的腦力進行日常生活中的工作、學習、思考等活動。愛因斯坦去世以後，科學家對他的大腦進行了解剖，發現他的大腦是目前世界使用最多的人，但也只使用了 1/3，2/3 仍處於休眠狀態。還沒被開發使用的大腦既是思維創新的一個障礙，也是一種潛力。因此，學習掌握左右腦的開發方法，有很大的必要性。

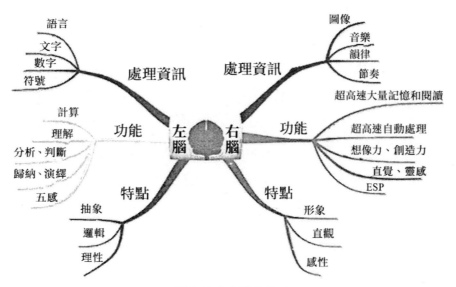

圖 2-12 左右腦的分工

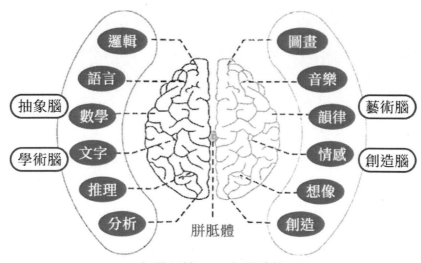

左右腦功能圖

圖 2-14 左腦是邏輯腦，右腦是藝術腦

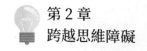

第 2 章
跨越思維障礙

1. 左腦功能的開發

左腦具有語言功能，擅長邏輯推理，主要是儲存人出生後所獲取的資訊、知識和語言。左腦主司語言，也就是用語言來處理資訊，把進入腦內看到、聽到、觸到、嗅到及品嘗到（左腦五感）的訊息轉換成語言來傳達。左腦主要控制著知識、判斷、思考等，和顯意識有密切的關係。如果進行形象一點的描繪，左腦就像個雄辯家，善於語言和邏輯分析；又像一個科學家，長於抽象思維和複雜計算，但刻板，缺少幽默和豐富的情感。應該說，在高度商業化、市場化的現代社會，代表著理智與邏輯的左腦更具有現代腦的品質。

對於左腦的開發，可以從身體和思維兩方面進行：

（1）身體鍛鍊法

既然左腦控制著人類的右邊身體，那麼右邊身體的活動就將反作用於左腦，也就是對左腦有著鍛鍊作用。因此，經常使用右手、右腿，都能使左腦得到充分的鍛鍊。

除了多運動右邊身體，還要注意自己手指的靈活度練習，這樣能夠有效開發大腦皮層的神經細胞。手指的靈活度，可以透過彈鋼琴、折紙或者一些手機遊戲來提高。

左腦掌控語言，因此大聲朗讀文章、參加辯論和學習外語等活動，也能開發左腦功能。

（2）思維鍛鍊法

左腦是理性的，它掌握著人的思考與邏輯能力，因此可以從邏輯思考這一方面來鍛鍊左腦。

其一，注重細節，勤於分析。思考問題時，嘗試將問題羅列出來寫在紙上，並將細節和關鍵用圖像或者流程圖表示出來。盡力讓問題與問題之間的邏輯關係清晰可感，力求不偏不漏，並能完整詳盡地概述問題。

其二，制定目標，步步為營。做任何事情之前都要制定可行的目標，並將目標的實現步驟羅列出來。因為制定目標和計畫的時候會進行分析與計算，這對左腦是一種刺激和開發。

其三，多閱讀一些思辨性、推理性強的文章，可以嘗試閱讀推理小說，並對事件進行完整分析。

左腦控制右邊身體，由於現實生活中右撇子數量遠遠多於左撇子，即絕大多數人都使用左腦更多，因此左腦的鍛鍊和開發其實在日常生活中常常不自覺地在進行。只是由於很多人對於邏輯和思考嚴密性的不重視，所以左腦的開發還遠未到充分的程度。左腦開發的方法都只是一些尋常手段，但難就難在堅持。在學習生活中，堅持思考分析並將其變成一種習慣，就能使左腦一點一點地被加深開發。

2. 右腦功能的開發

人的右腦具有直觀性的整體掌握能力、形象思維能力、獨創性等，所以右腦的開發對於個人的成功而言是不可或缺的。由於現實中對於左腦的開發普遍比較多，所以右腦開發的重要性顯得尤為突出。如何開發右腦功能，越來越得到人們的重視。

開發右腦功能，最重要的是要不斷向右腦輸入資訊，使其得到刺激。同時，也可以與鍛鍊左腦時多運用右邊身體相反，盡量多運用自己左邊的身體。

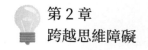
不健全的大腦無法產生精神力量。

—— 赫伯特‧史賓賽（Herbert Spencer）

（1）身體鍛鍊法

身體方面的鍛鍊可以分為感官和肢體兩部分：

感官部分：有意識地活動眼、耳等感覺器官。比如照相時用左眼取景，聽歌時將耳機放在左耳；使用情境教學法而非背誦的方式來學習外語。

肢體部分：嘗試多用左手做事情，比如刷牙、拿水杯、移動滑鼠、打字和一些簡單運動等。

（2）藝術訓練法

多接受高雅藝術的薰陶能喚醒沉睡的右腦。色彩絢麗的美術作品、熱情澎湃的交響樂、形體優美的舞蹈等藝術形式都能對右腦有刺激作用。但是在接觸藝術時，不能只把自己作為旁觀者，還要更進一步地去理解感受。比如可以嘗試透過圖畫把自己聽到的音樂表現出來，或者用語言表述自己看完芭蕾舞後的感受。

（3）抽象思維訓練法

做一些抽象思維的訓練可以使右腦大腦皮層神經細胞在短時間內快速活躍起來，使大腦的變通性、流暢性和靈活性更強。除了上文提到的折紙以外，積木、七巧板和魔術方塊等思維訓練玩具也能很好地鍛鍊大腦。

自我訓練

　　如圖所示，快速地說出每個字的顏色，而不是讀出這個字。這要求大腦在短時間內迅速排除字本身所帶資訊的干擾，對大腦皮層具有很強的刺激作用。常做這種類似的訓練，對右腦的開發有很好的幫助。

紅黑白　　綠紫橙黃

粉紅黑白　　綠紫橙

黃　　紅黑白　　綠紫

圖 2-15 開發右腦的小遊戲

下面的題目可以進行自我訓練。

　　（1）聽孟德爾頌（Mendelssohn）的《春之聲》，然後嘗試用語言和圖畫表達你的感受。

　　（2）迅速找到下圖迷宮路線（圖 2-16）。

圖 2-16 迷宮路線

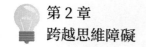
（3）讀一篇財經新聞報導，然後由此想像未來 10 年的世界並預測將
有什麼新的變化出現。

（4）對目前所使用的手機提出它存在的不合理的地方，並提出改進
意見。

第3章
創新密碼隱藏在哪些思維裡

> 對於創新來說，方法就是新世界，最重要的不是知識，而是思路。
>
> —— 郎加明

為什麼有些人容易找到創新點子，而有些人卻不容易，其根源深藏於思維之中。要尋找創新密碼，毫無疑問必須要培育創新性思維。具有創新思維的人，容易找到創新密碼，而不具有創新思維的人，雖然幾經努力也難以找到創新密碼。

創新思維是一種打破常規的思維方法，其根本方法就是想別人之所未想，做別人之所未做，往往表現為對事物的更新和創造，甚至改變人們的傳統觀念和習慣，創造新穎的思維成果。創新思維的途徑多種多樣，大致可以有靈感思維、聯想思維、想像思維、超前思維、擴散性思考、求異思維、逆向思維等多種表現形式，不同的思維方式其創新結果也往往大相徑庭，如圖 3-1 所示。

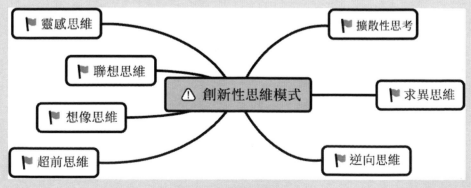

圖 3-1 創新性思維模式

一　靈感的力量：魯班造鋸

案例：魯班造鋸的故事

傳說魯班有一天到一座高山上去尋找木材，突然腳下一滑，他急忙伸手抓住路旁的一叢茅草。手被茅草劃破了，滲出血來。「怎麼這不起眼的茅草這麼鋒利呢？」他忘記了傷口的疼痛，扯起一把茅草細細端詳，發現小草葉子邊緣長著許多鋒利的小齒。他用這些密密的小齒在手背上輕輕一劃，居然割開了一道口子。

手流血了，但卻給魯班帶來了靈感。他想：要是我也用帶有許多小鋸齒的工具來鋸樹木，不就可以很快地把木頭鋸開了嗎？一定比用斧頭砍要省力多了。

於是，魯班請鐵匠師傅打造了幾十根邊緣上帶有鋒利的小鋸齒的鐵片，拿到山上去做實驗，果然很快就把樹木鋸斷了。魯班替這種新發明的工具取了一個名字，叫做「鋸」。

案例分析：

在這個故事中，魯班從雜草中獲得靈感，創造出新型的伐木工具，情節雖然簡單，卻能引發我們很多的思考。故事直截了當地告訴我們，靈感的出現，需要我們養成觀察和思考的習慣，被茅草割傷的人很多很多，但因此得到其實發明新工具的人卻寥寥無幾。一般人遇到類似的情況，可能更多地抱怨自己倒楣或者怨恨自己不小心，他們不會想到，在絮絮叨叨埋怨的時候，一個簡單而偉大的發明機會正擦肩而過。正如巴斯

德（Louis Pasteur）所說，機遇只青睞有準備的人。我們常常因為頭腦空白，而被排除在機遇門外。

　　靈感思維是技術創新和思維創新活動中最常見的一種思維現象，又被稱為頓悟，或者說是思維上的「神來之筆」，一般指人在長期累積的基礎上，剎那間茅塞頓開，找到解決問題的方法。每個人都會有靈感思維，我們平常所說的「柳暗花明」、「豁然開朗」等之類的詞，描述的其實就是靈感思維的過程。

　　人們自古以來就會利用靈感思維進行創新活動，如古希臘時期的大學者阿基米德，有一次接受了國王的要求，幫助國王鑑別一頂王冠的真假，阿基米德接受了任務但卻一籌莫展。有一天阿基米德帶著沉思走進浴室洗澡，當他坐進澡盆的時候，澡盆裡滿滿的水便溢出來了一部分，就是這個平常司空見慣的場景，讓阿基米德突然靈光閃現，聯想到王冠的重量可以造假，但同等品質的金屬體積卻無法「說謊」，於是他透過測試比對王冠與純黃金在等重下的體積，檢驗出王冠是否摻假。以此為契機，阿基米德進一步發現了浮力第一定律，對之後科學的發展產生了深遠的影響。

　　阿基米德的靈感產生，表面上看來是偶然的，但背後卻蘊含著必然性。人只有在不斷思考的時候，外界發生的一些變化才會有效地引發現象與思維的共鳴，從而點燃靈感的火花，進而找到解決問題的創新方法。

　　法國醫生拉埃內克（René Laennec）一直苦於無法簡單地診斷病人的胸腔健康，希望能夠製造一種簡便的器具，出診的時候便於攜帶。一天，他陪女兒在公園玩，偶然發現自己在蹺蹺板這端輕輕地敲打，女兒

在另一端卻能夠清晰地聽清楚。他由此觸發靈感，回家用木質材料做成一個喇叭狀聽筒，把大的一端貼在自己的胸膛，小的一端靠近自己的耳朵，居然能夠清晰地聽清楚自己胸膛發出的聲音，由此他發明了人類歷史上第一部聽診器。

那麼，如何獲得靈感呢？答案如圖 3-2 所示。

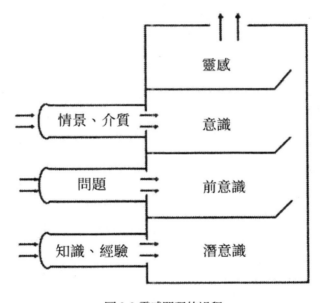

圖 3-2 靈感閃現的過程

首先我們要弄清楚靈感思維的來源。靈感思維是創新思維的一種表現形式。它不是空穴來風，也不是神祕莫測的。它產生的過程必須具備兩個過程，第一是久久思考某個問題之後依然沒有找到解決方法而暫時被擱置，但是思維主體卻對此問題依然念念不忘，從而已經在腦海中形成潛意識；第二必須有特定的場景來觸發潛意識，這個場景可以是人腦內部的思維碰撞（比如在夢中），也可以是外部因素，透過感官的作用來激發潛意識，如瓦特在燒開水時產生靈感發明了蒸汽機，其激發發明靈

感的過程首先是透過視覺的衝擊。

產生靈感的方法可以有以下幾個：

一是精神高壓法。所謂精神高壓法，就是迫使人的思維運動到達一定的臨界狀態，為靈感的產生創造條件。如以下案例：

案例：夢中驚成的元素周期表

俄國著名化學家門得列夫（Dmitri Mendeleev）在化學研究遇到難題時經常處於精神高度緊張的狀態，在一晚苦苦研究之後疲倦地進入夢鄉。在夢中他夢到一張奇特的表格，63 種元素竟然自己像歸家一樣找到特定的格子落了下來。他立刻從夢中清醒並把這張表記錄了下來，從中發現了元素的排列規律，並且預言了未知元素的特性和位置。這就是全球中學化學課堂上都會提及的著名的元素周期表的發現過程。

案例分析：

門得列夫在中學時代就對元素與元素之間的關聯產生了濃厚的興趣，他對這方面一直保持著關注。有一段時間他感覺到研究可能會有重大的突破，困擾人類數百年的化學難題很快就要被解開，於是大腦一直處於興奮狀態。正所謂「日有所思夜有所夢」，大腦有著很多目前都尚未能完全解釋的奇妙機能，這些機能促成了門得列夫夢中解題的奇特遭遇。元素周期表是一項劃時代的發現，而又因為是門得列夫在夢中得到的靈感，從而有了「天才的發現，實現在夢中」一說。

夢是思維主體被動地將想像和潛意識融合在一起的意象，也是客觀現實的一種特殊反映。通常情況下，處於睡眠狀態的思維主體，其大腦皮層整體上處於抑制或放鬆狀態，只有少數的神經細胞產生興奮，這種隨機興奮活動導致跳躍性思維的產生，因此它能為擺脫常規束縛的大腦

提供靈感。德國化學家凱庫勒（August Kekulé）宣稱自己發現苯環分子結構的靈感，就是來自於其夢見一條正在吞食自己尾巴的蛇。不過，我們必須明白的是：並非每個夢都能為我們帶來靈感，也並非每次靈感思維活動都能帶來創造性內容。夢中驚成與成功，都只是留給那些「有準備的頭腦」。

當然，並非只有夢才能給人帶來靈感。精神高壓法促成創新技法產生也並非只有在夢中才能出現，當人的精神壓力到達一定程度，其實往往就是思維突破的臨界點，或者是在夢中，或者是在一次散步中，也或者是在一次閒聊中，靈感的火花隨時都可能點燃。

二是關聯轉移法。所謂關聯轉移法，就是對於要解決的問題相關的事物和現象保持一定的敏感度，透過關聯事件誘發創意的產生。

案例：松下發明兩用插頭的靈感

松下電器是從製作插頭起家的，但最初的銷量很低。松下創始人松下幸之助苦苦冥思多日都找不到根源所在，起初認為是插頭的品質問題，但是提高品質之後情況並沒有好轉。有一天他逛街的時候聽到一對姐弟的對話。當時的插頭只有一個，姐姐在燙衣服，弟弟想看書卻無法開燈，因此兩個人吵了起來。松下幸之助發現吵架的原因跟自己經營的生意有密切的關係，插頭銷量不大的原因不正好有其使用單一的元素嗎？於是他腦子裡突然產生製作兩用插頭的靈感。新生產出來的插頭很快被搶購一空，事業也開始蒸蒸日上。

案例分析：

有人說，松下幸之助是幸運的，拯救他事業的是不費半點成本的姐弟對話，其實不然。松下幸之助的這種頓悟，其誘因是來自於關聯事件

的思想點化，姐弟倆的爭吵屬於與解決生意難題相關聯的情境，靈感是在關聯事件雙方互動作用產生的。松下幸之助確實是幸運的，幸運的不止是「天賜良機」，讓他遇見能使他產生靈感的姐弟，還有其善於從平常小事中發現新問題的敏銳洞察力，或者說他具備了別人所不具備的靈感思維模式，這個才是絕處逢生時解決問題的無價之寶。

因此，我們要切記，靈感的產生並不是從天而降的，它是我們經過充分準備之後的產物。有足夠的思想準備和敏銳的洞察力，處處是靈感；而沒有充分準備和觀察力，即使有靈感也會被我們錯失。

三是原型推演法。所謂原型推演法，是指觸發靈感的外部因素與研究對象的某個特性相吻合，研究者直接從中產生創新設計靈感，並直接將原型套用到創新中去的一種靈感思維方法。

案例：從高跟鞋鞋跟中得到設計靈感

設計師亞歷山大・鮑徹從高跟鞋鞋跟中得到設計靈感，將高跟鞋的元素融入到椅子的設計中。透明的圓柱體作為支撐的凳子，配合一個超高超細的鞋跟設計，形成了極具衝擊力的視覺效果，一時轟動整個時尚界。

案例分析：

設計師的靈感直接來源是高跟鞋的鞋跟，高跟鞋本來就具有時尚的元素，與時尚界的設計初衷具有很高的相似性，並且設計出來的凳子，直接套用了高跟鞋鞋跟的形狀，這種靈感來源被稱為「原型推演」。

原型推演這種激發靈感的方式在生活中並不少見，英國工人哈格里夫斯（James Hargreaves）偶然將水平放置的紡車踢翻，從垂直狀的紡車中得到靈感發明紡紗機。原型推演法在仿生設計領域的應用最為突出，

比如從蜻蜓的形狀產生飛機體型設計靈感、從蝙蝠身上得到雷達設計靈感等。

除此之外,「原型推演」也可以直接從某個定理、原理中得到啟發產生設計靈感。原型推演產生的靈感是目的性最強的一種靈感思維方式,它與「精神高壓法」和「關聯轉移法」不一樣,它並不一定需要思維主體長期思考某個問題,文學創作中的小說原型靈感就是一個很好的例子。但不管是何種靈感思維方式,都必定需要思維主體具有深厚的內部沉澱知識和經驗,就像發明大王愛迪生說的,「天才是百分之一的靈感加上百分之九十九的汗水」。

二　聯想的魔力：第一張信用卡

案例：信用卡的發明

1950 年代的一天，美國銀行家法蘭克·麥克納馬拉（Frank McNama-ra）請了一批社會名流在紐約一家大飯店共進晚餐，吃得杯盤狼藉。正待付帳時，他突感不妙，原來他竟忘了帶錢包！那種狼狽尷尬的處鏡，是可想而知。此時，他突然聯想到他曾在一些加油站留下的賒帳單：「為什麼我不在飯店裡同樣也做一張賒帳單呢？」於是他跟飯店的經理商量先行賒帳，事後再還。

事後法蘭克對當晚的醜態一直耿耿於懷，無法忘卻。同時，他聯想到，他的尷尬不僅僅只有他一個人才會遇到，或者曾經也有無數人面對過這種吃飯忘了帶錢的窘迫，那是否也可以給大家辦一張賒帳卡呢？於是他成立一家「晚餐俱樂部」，規定只要是俱樂部會員，可以在紐約 27 家飯店使用賒帳卡記帳用餐消費。持卡人不必支付現金，只需出示信用卡，並在帳單上簽字確認，酒樓即會透過銀行辦理收款。

此舉一出果真大受歡迎，入會者紛至沓來。於是，法蘭克在 1958 年對外公開發行了世界上第一張信用卡 —— 美洲銀行信用卡，並成立了美洲銀行信用卡公司。

案例分析：

法蘭克充分利用了兩個聯想思維進行創新活動，一個聯想思維是吃飯時聯想到他在加油站裡辦了的賒帳單，第二個聯想思維是他由自己的窘

> 境聯想到他人也會遇到類似境況，由於產生了要辦信用卡的念頭。聯想思
> 維在法蘭克創辦信用卡的過程中發揮了關鍵性的作用。

所謂聯想，是指由一種事物想到另一種事物的過程，這兩件事物之間必然有一定的關聯性。這種關聯性可以為相似的外形，如蜻蜓和飛機，也可以為相似的特性，如電風扇和空調，甚至可以為看起來風馬牛不相及，然而在一定程度上具有某種關聯的事物，在人們的普遍動作中同作為被遞呈對象而得到關聯。而聯想思維，則是透過事物之間的關聯、對比，在人腦中瞬間獲得創造性靈感的思維活動。因此，聯想思維能為靈感思維提供途徑，靈感思維是聯想思維的一種歸宿。

圖 3-4 聯想思維活動

　　聯想思維是思維主體本能的一種思維活動，但與靈感思維一樣，並
非所有人都能透過聯想思維獲得創新實踐，只有透過一定的邏輯思維方
式，才能發揮其創造性。

　　聯想思維可以有效激發創意的產生，根據不同的聯想方式大概可以
分為相似聯想法、因果聯想法、對比聯想法；按照不同的聯想條件可以
分為自由聯想法和強制聯想法，如圖 3-5 所示。

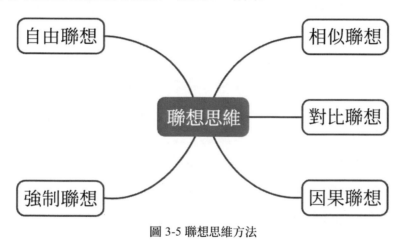

圖 3-5 聯想思維方法

　　一是相似聯想法。所謂相似聯想法，是指透過觀察某些事物的某一
方面或者整體的屬性，構建出新的屬性相似的事物的方法。

　　案例：「孿生姐妹」複製玩具

　　美國一家玩具公司，從複製羊桃莉身上得到啟示，開發了一種類似
的玩具：只要顧客將一張女兒全身彩色照片及附上一張填有女兒明顯特
徵的表格發送給公司，公司就能根據所描述的內容和照片製作與其相似
度極高的玩具娃娃，取名為「孿生姐妹」，生意非常火爆。

第 3 章
創新密碼隱藏在哪些思維裡

案例分析：

　　由複製羊桃莉想到為顧客女兒複製一個玩具，這是相似聯想作用的結果。玩具公司從複製羊桃莉，聯想到可以用類似的方法來解決現實中獨生子女的孤寂、寂寞問題。這種相似聯想方法依賴於聯想客體間的直接關聯性，因此從聯想客體間相似的外形，特性引起的聯想都屬於相似聯想的範疇。

　　利用事物之間的相似性進行創新，是最簡單也是最具實效的一種創新思維。人類的許多發明其實都與相似聯想有關，如萊特兄弟由大鳥飛翔聯想到人也可以飛翔，於是發明了飛機。再如，本書前面提到的魯班造鋸的故事，魯班由自己的手被一種齒狀植物劃傷的經歷產生了發明鋸子的靈感，屬於相似聯想的思維形式；蜂巢狀結構建築物的設想來源於蜂房；微波爐的發明就是工程師史賓塞（Percy Spencer）在做雷達實驗時，口袋裡的巧克力被雷達電波加熱融化了的聯想，還有飛機與蜻蜓、蝙蝠與雷達、迷彩服與蝴蝶等等，生活中相似聯想思維的創新創造隨處可見，可見相似聯想方法的應用之廣。

　　從前有個叫姚巖松的人，他意外地發現糞金龜能滾動一團比牠自身重幾十倍的泥土，卻拉不動比那塊輕得多的泥土。他曾開過幾年拖拉機，他聯想到能不能學一學糞金龜滾動土塊的方法，將拖拉機的犁放在耕作機身動力的前面，而把拖拉機的動力犁放在後面呢？經過實驗他設計出了犁耕工作部件前置、單履帶行走的微型耕作機，以推動力代替牽引力，突破了傳統的結構方式。

　　二是因果聯想法。所謂因果聯想法是面對某些無法解決的問題的時候，透過思考和尋找其蘊含的因果連繫，從而構建出新事物的方法。

案例：為解決妻子煩惱而成就的創新企業家

曾經有一個香料廠工人，他的妻子因為工作的緣故，天天要用消毒水泡手，還要用肥皂洗手，既費時又傷皮膚，妻子對此頗為煩惱。該工人把妻子的話記在了心裡，他覺得妻子的煩惱是因為洗滌用的材料無法滿足妻子的要求，由此聯想到可以創造出一種新的洗滌材料，達到既能消毒殺菌，又能去汙的效果。於是，他用了 4 年的時間，大量學習專業知識和反覆試驗，終於發明了符合要求的「洗衣粉」，這一發明也讓該工人一度成為有名的創新企業家，並獲得了大量的物質財富。

案例分析：

工人因為要讓妻子解決傷皮膚的煩惱而發明「洗衣粉」，先有原因然後又研發成果。這種由「因」到「果」的創新方法，其實就是因果聯想創新法。由「因」到「果」，或者由「果」聯想到「因」，都是因果聯想的方法。法國一位將軍由軍隊的廚師在大轟炸中將鍋蓋蓋在頭上而幸免於難的這一結果，聯想並發明了可以戴在士兵頭上保護用的鋼盔，就是因果聯想運用的結果。

事物的因果連繫與事物之間的聯想，具有一定的跳躍性，因果聯想法的依據也就是這種思維有內在連繫的跳躍。從生活中的一些微不足道的小難題，聯想到自己可以創造的新事物，這是一個常見但是實際上相當奇妙的思維過程，只不過我們大多數人都沒有去思考過這個過程是如何完成的，以至於忽略了因果聯想在事物創新時所產生的作用。

因果聯想法體現的是人腦對事物發展的原因及結果的經驗判斷和想像，其作用基礎是聯想物之間存在的因果關係。如通常情況下看到雞蛋就聯想到小雞或母雞；看到蠶繭就聯想到飛蛾；看到灰燼就聯想到火一

樣，因果聯想法在日常生活中的運用也不計其數。越是普遍的事物越容易被人忽略，越難找到突破口，也越難進行創新。因此因果聯想思維一般都需要與其他創新思維方法聯合使用。

三是對比聯想法。對比聯想就是憑藉事物間突出的對立或差異進行的聯想思維方法，事物間的差異越明顯，進行創新性創造活動的空間就越大。

案例：暗色系娃娃與白手臂的對比聯想

韓國人金光中曾生產並銷售一種暗色系的玩具娃娃。他為這種玩具投入了巨大的廣告成本，但是銷量依然不見起色，最後庫存堆積非常嚴重。金光中的兒子是一位愛思考的年輕人，他對商場中身穿泳裝的假人模特兒那雙雪白的手臂印象特別深刻。最終他想到利用暗色系娃娃與白手臂的強烈色差對比來吸引受眾的目光。這個方法果然效果明顯，從商場大廳路過的女孩大部分都會情不自禁地上前打聽：「這個『娃娃』真好看，請問哪兒有賣呀？」很快，積存的娃娃都被哄搶一空。

案例分析：

利用色彩對比將暗色系娃娃凸顯出來，很容易就吸引了顧客的目光。後來案例中的兒子又利用這種效果，找來幾位皮膚白皙的女孩手持暗色系娃娃到人多的路上去「招搖過市」，不但引來大量行人駐足觀看，連媒體也被吸引了過去。第二天，各大報紙的頭版都刊登了報導和照片。沒想到，就是兒子這樣的靈機一動，居然在韓國掀起了一股「娃娃」熱，甚至引起了全球範圍內的熱潮。歸根究柢，娃娃推銷方法之所以能夠取得巨大成功，是因為其恰到好處地運用了對比聯想思維的方法。

由於生活中隨處可見對立的事物，因此對比聯想思維的可運用領域比較寬廣。時尚設計元素中的撞色、文學創作中的對比、反襯手法，甚

至是反語等表達方式，如「青山有幸埋忠骨，白鐵無辜鑄佞臣」，就是對比聯想法的具體運用。

相反特徵的事物或相互對立的事物間所形成的聯想，主要依賴以下幾種對比：

- ▸ 性質對立
- ▸ 優缺點對比
- ▸ 色彩對比
- ▸ 大小對比
- ▸ 強度對比
- ▸ 方向對比
- ▸ 好壞對比

對比聯想的例子很多，如：

- ▸ 沙漠 —— 森林
- ▸ 光明 —— 黑暗
- ▸ 黑 —— 白
- ▸ 上學 —— 放學
- ▸ 水 —— 火
- ▸ 溫暖 —— 寒冷

……

四是自由聯想法。自由聯想法即利用思維主體的生活習慣、實踐經驗等，讓人腦不受限制地自由地進行聯想的思維活動，從而激發創新的方法。

案例：「掃帚」掃雪？

有一年冬天，美國洛杉磯的空中電纜上被覆蓋了厚厚的雪，嚴重影響了當地的通訊品質。美國通用電力公司因此緊急召開會議商討對策。會上，採用自由聯想的思維方法，總裁讓每個人暢所欲言，想到什麼說什麼，但有個前提就是必須具有較強的可行性。會議間，有人提出把掃帚綁在飛機下面，飛到電纜上面去掃雪的建議時引起了哄堂大笑。但最後實踐證明，由此改進的用直升機的螺旋槳進行掃雪的方法是最經濟最省力的方法。可見，放飛思維的無限制的自由聯想能夠發揮巨大的潛力，為人腦創新實踐提供更廣闊的空間。

案例分析：

本案例中採用的就是自由聯想法進行創新，這個方法與腦力激盪法在一定意義上是相同的，不過自由聯想法有時可由一個人進行操作。讓人們採取無拘束的自由聯想來尋找方法，然後對尋找出來的方法進行可行性的改進，最後找出可實施的創新方法。

自由聯想法是利用思維主體的生活習慣、實踐經驗等，讓人腦不受限制地自由地進行聯想的思維活動，從而激發創新的方法。自由聯想的無限制性為創新性創造提供了廣闊的空間。它首先被用於探索性的心理測驗，是心理學家佛洛伊德進行精神分析的主要方法之一。後來被廣泛應用於企業會議中，經常與腦力激盪法一起，在企業決策與方案制定過程中發揮著出色的作用。

五是強制聯想法。強制聯想法即給定一定的包括功能、內容、目的等的規則，進行強制性聯想，以找出創新方法的一種聯想方法。

案例：孫正義依靠強制聯想創造 250 項發明

日本軟體銀行總裁孫正義早年在美國留學的時候有個癖好：不管多忙，每天都會抽出 5 分鐘強制自己想一項發明。

方法就是隨機翻開字典，找出 3 個詞，努力尋找它們之間的連繫，組合成一個新東西。看似無聊的活動，一年堅持下來竟然有 250 多項發明，令人咋舌。其中「可以發聲的多國語言翻譯機」以 1 億日元的高價賣給了夏普公司，這使得還沒畢業的孫正義就已經成為了富翁。

案例分析：

孫正義於 1981 年創建了軟銀集團，短短 33 年成就了一個資訊技術帝國，被美國《彭博商業周刊》（*Bloomberg Businessweek*）評為電子時代大帝（Cyber Mogul），推崇備至。孫正義能有今天的成就，與他每天根據隨機翻到的單字進行聯想的思維方法有關。強制思維方法可以有意識地激發自身的靈感，使得自身思維中出現一些本來就不相關的組合事物，而這些本來沒有出現過的組合事物很有可能就是創新點子。

強制聯想法是與自由聯想法相對而言的，自由聯想是無限制地不限目的地進行聯想，強制聯想則是給予一定的功能、內容、目的等規則進行聯想，它們之間各具特色又有連繫，自由聯想為強制聯想提供方法，強制聯想的過程實則有自由聯想的縮影。

一般情況下，科學、藝術等領域的創新性設想經常用到自由聯想思維方法，在不限定條件的前提下容易引發一系列的連鎖反應，容易產生天馬行空的創造。但是在某個專業產業中，如通訊產業，具有一定的侷限性和專業性，要求設計師要以服務對象為中心對產品進行創新性改進，這時候運用強制聯想法，給設計師一定的規則和條件，為了達到某種目的而進行聯想，才能避免南轅北轍，集中精力，有所創造。

　　普魯斯特（Marcel Proust）說，「真正的發現之旅並不僅僅只是為了尋找全新的景色，而是為了擁有全新的眼光。」如果創新思維的運用就是為了擁有全新的眼光，那聯想思維就好比是一個萬花筒，轉動一次萬花筒，就能為創新思維提供一片全新的景色。聯想能為創新提供柳暗花明的設想，是進行創新創造不可缺少的有力工具和手段。

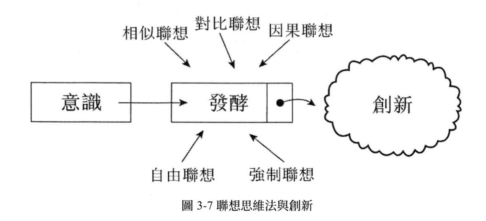

圖 3-7 聯想思維法與創新

三　想像力的運用：跨越柏林圍牆

案例：跨越柏林圍牆的種種方法

　　1961 年，當時為了防止人們透過東德邊境逃到所謂的「自由世界」西德去，在柏林城中的交界地修建了又高又厚而且通電的柏林圍牆，但自從1961 年柏林圍牆修建到 1989 年柏林圍牆倒塌之間的近 30 年間，有大量的人透過各種方式跨越柏林圍牆逃到了西德，他們都用了哪些方式呢？

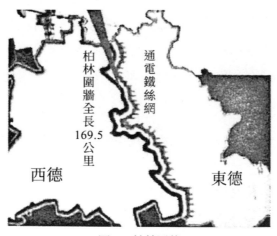

圖 3-8 柏林圍牆

　　據統計，他們用了無數個方法，其中使用較多的有以下方法：

1. 借用親戚朋友的通行證，從關口過去。

2. 在薄弱的城牆部位爬過去。

3. 從河中游泳過去。

4. 飛車鑽過交通站。

5. 用推土車直接撞牆，撞開後直接衝過去。

6. 從地下挖地洞鑽過去。

7. 造一個潛水艇，從河裡過去。

8. 造一個熱氣球，從上空飛過去。

9. 藏在汽車引擎蓋內過去。

10. 在近城牆的地方跳樓過去。

11. 用彈簧將人彈射過去再用降落傘降落。

案例分析：

　　近三十年間，有大量的人透過上述的種種方式到達了西德，他們是具豐富想像能力的人。事實證明，只要想像得到，並採取嚴密的措施，幾乎都可以跨越柏林圍牆；反之東德中有更多的人沒有豐富的想像力，或者不勇於嘗試，因而他們無法跨越柏林圍牆，只能老老實實地待在柏林圍牆以東的東德裡，與西德的親人相隔兩地。

　　想像，是人腦在一定表徵意義的基礎上，對潛伏在意識中的知識、經驗進行改造、加工或重組的思維活動。想像思維可以是無限制的自由想像，也可以是為了達到某種目的而進行有意識的想像。想像思維的創造性能為創新創造實踐帶來綿綿不斷的源泉，是人類進行創新性改造不可或缺的思維方式。

　　想像思維是在頭腦中對表象進行加工改造而形成新的形象的活動。它可以分為無意想像和有意想像，兩者的區別在於是否有自我意識的調節控制。有意想像又可以分為再造想像和創造想像。再造想像是根據他人對事物的描述在腦海中產生新形象的過程。創造想像是沒有現成描述而創造出新形象的過程。幻想、理想和空想都是創造想像的表現形式。

以上這些想像思維的具體模式，在人們進行創新活動的時候，常常會發生作用，我們也可以在面對困境無法可解的時候利用這些思維模式激發創新想法的出現，如圖 3-9 所示。表 3-1 具體給出各種想像的解釋說明。

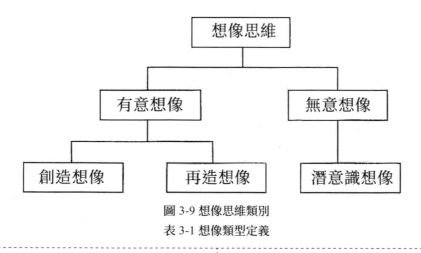

圖 3-9 想像思維類別

表 3-1 想像類型定義

有意想像，又叫隨意想像，是在刺激物的影響下，依據一定的目的而進行想像的過程。有意想像是一種富於主動性、有一定程度自覺性和計畫性的想像	再造想像，根據語言的表述或非語言的描繪（圖樣、圖解、模型、符號記錄等）在頭腦中形成有關事物的形象的想像，就是再造想像
	創造想像，根據一定的目的、任務，在腦海中創造出新形象的心理過程。用以累積的知覺材料作為基礎，使用許多形象材料，並把他們加以深入，透過組合，創造出新的形象來

無意想像，又叫不隨意想像，是指沒有預定的目的，沒作任何努力，常常是在意識減弱時，某種刺激下，不由自主、自然而然地在頭腦中出現的一些新的想像。它常由客觀事物的某些外形特徵所引起。比如，抬頭看見天上的白雲或遠處的山石，可能想像出某種動物或人的樣子；人睡眠時做的夢；精神病患者在頭腦中產生的幻覺；由藥物引起的幻覺，都是無意想像

第 3 章
創新密碼隱藏在哪些思維裡

　　想像思維是人腦的特殊創新潛能和優勢潛能，為創造提供了自由翱翔的空間。愛因斯坦說：「想像力比知識更重要，因為知識是有限的，而想像力概括世界的一切，推動著進步，是知識的源泉。」想像思維並不會隨著知識的增多而減弱，學習知識並保留對知識的質疑，相信有更多超越已知的知識，保持著「知道得越多越無知」的觀點看待世界，想像力才會因為知識變得更有力，更有方向。反之，如果被已有的東西或知識束縛了想像力，人就會因為過於相信知識而失去了想像的翅膀。

　　想像思維是人類重要的創新性思維，好好利用創新思維，可以大大拓展人們的思想空間，從而找到創新的源泉與靈感。透過想像思維獲得創新成果的案例非常多。

案例：想像思維解碼廣告策劃

　　美國著名香菸廠商菲利普莫里斯國際公司（Philip Morris International Inc.）原先將自家香菸定位為女性香菸，命名為萬寶路，並做出「猶如五月般的溫柔」的廣告，但是歷經 9 年都未能打開市場。後來委托了著名的李奧貝納廣告公司（Leo Burnett Worldwide）進行策劃，李奧貝納公司對萬寶路原先的廣告進行了分析，發現其作為消費客群的定位出現失誤，女性吸菸族群並不是穩定的、龐大的消費群體。因而建議重新進行廣告定位，變換目標消費者。菲利普莫里斯國際公司經過調查後發現「二戰」後的美國青少年學習抽菸以表示自己已經脫離父母。於是他們利用想像思維拍出了新的廣告片：在西部的大草原上，飛奔的馬群由遠而近。一位牛仔騎著馬緩緩趨近，然後猛然策馬而去。在這一剎那間，他手指間夾著的冒著一縷青煙的萬寶路顯現了出來，而後隱沒在夕陽之中。這個廣告完美地塑造了一個獨立與叛逆的形象，使萬寶路打開了市場並取得了成功。

案例分析：

　　李奧貝納在本案例中的創新方法是捕捉青少年的想像力，並利用青少年的想像力創造廣告意境，從而推出了大膽創新的廣告創意，以陽剛的美國男子漢形象來作為萬寶路香菸新的形象代言。這樣獨立與叛逆的形象迎合了青少年對於自我新形象的想像和塑造，透過引發消費者的想像思維來引起其購買欲望，因而獲得了巨大的成功。

　　案例：迪士尼樂園的想像力

　　「米老鼠之父」華特・迪士尼是一個以夢想改變世界的傳奇人物。

　　他創造了米老鼠的卡通形象，將動畫電影帶進了藝術的殿堂，創建了迪士尼樂園，以非凡的想像力傳播歡樂。在迪士尼公司的發展中，無數迪士尼人以無限的想像、天才的創意和精湛的技術使其成為一流的娛樂公司。

案例分析：

　　迪士尼的成功是建立在無與倫比的想像力和創造力上的，無論是米老鼠還是長篇動畫電影《白雪公主》、《灰姑娘》、《木偶奇遇記》、《小鹿班比》以及夢幻王國 —— 迪士尼樂園都洋溢著華特・迪士尼和無數迪士尼人的想像和創意。這些動畫和服務讓人們感受到了驚奇、滿足和快樂，這是想像力獨特的作用。

　　再如，現代社會裡，精神產品的需求市場越來越大，文化產業在經濟中的地位也越來越重要，而想像思維在文化創造中有著獨特的作用。日本CAPCOM 公司開發的以喪屍恐怖元素為主題的《惡靈古堡》，二十世紀福克斯出品的以外星文明為主題的《阿凡達》等科幻類題材的作品，都是在利用和發揮想像思維的基礎上進行的創新。除了科幻題材外，還有基於古老神話傳說的以神魔為主要元素的玄幻題材等可以開發。而這各方面的開發創造都要積極發揮想像思維的作用，不斷煥發新的生命力來完成。

有人充分發揮了想像思維，描繪了一個 3,000 年以後的生活漫畫，認為 3,000 年後，人們洗澡會變得很簡單，褲子可隨便變換顏色，人們的皮膚可以透過烤麵包機隨時變白或變黑，背包可以背人走路而不需要人背著背包走路，機器可以讓人在睡眠中鍛鍊，人們可以在互動中看電視……人們的想像思維可以非常豐富。

事實上，上述「3,000 年以後的生活」所反映的點子都屬於創新思維，只要我們據此進行充分而有實效的創新研究，最終是能夠推進系列創新成果的。

利用想像思維進行創新的例子還很多，比如，當前鞋業競爭非常激烈，某鞋廠要創新他們的鞋子產品，他們可以透過想像思維進行創新，下面是創新思維的形式，如表 3-2 所示。

表 3-2 鞋子的創新思維形式

想像一下	據此進行的創新
鞋子可以吃	鞋子加藥，可以吃（吸收、治療）高血壓、關節炎、胃痛
鞋子可以說話	鞋子播放聲音，可播放問候語、道別語
鞋子可以掃地	帶靜電，可吸塵、拖地，走到哪裡就吸／拖到哪裡
鞋子可以指示方向	鞋面上裝指南針，一旦偏離就報警
鞋子一磨就破	一次性鞋子，用過就扔掉

大部分事物都可以按照上述的想像思維進行創新。這就需要我們好好地培養我們自身的想像思維能力。一般而言，更多地暢想未來是培育想像能力的好途徑，如多寫諸如〈假如我是……〉、〈我希望……〉、〈新世紀暢想〉、〈30 年後我們再相見〉的文章，會對提高想像能力有幫助。另外，多使用思維導圖、曼陀羅圖、魚骨圖（後面的章節將會提及）將會有利於提高想像思維能力。

四　超前思考的成功：比爾蓋茲

世上或許沒有能夠未卜先知的神仙，但是卻總有一些人，能夠透過對事物發展規律的觀察，對未來發展趨勢做出準確的預判。這些人可能是政治家、科學家或者企業家，但是，無論從事哪一類職業，他們都毋庸置疑地被稱為社會的「菁英」。

案例：超前思維成就創新夢：比爾蓋茲

電腦自 1950 年代誕生後，由於其性能不穩定而且體積龐大笨重，一套就占了整個房間，乏人問津。儘管如此，年少的哈佛大學學生比爾蓋茲還是對電腦產生了濃厚的興趣，到 1970 年代時，比爾蓋茲敏銳地感覺到電腦未來的巨大發展潛力，預言「電腦終將成為每個家庭、每個辦公室中最重要的工具」。為此，1975 年 7 月，不到 20 歲的比爾蓋茲和艾倫（Paul Allen）在新墨西哥州阿布奎基市創立微軟（Microsoft）公司，致力於研發可用於電腦的「微電腦軟體」（Micro-computer Software），經過艱苦的工作，終於研發了一系列用於電腦的操作程式（包括操作軟體），改進了電腦品質，方便了人們對電腦的操作，推動了電腦的發展，比爾蓋茲也因此成為了世界首富。2007 年，比爾蓋茲進一步預言，機器人也將重覆電腦走過的路徑，成為人們生活中最重要的工具，「未來家家都有機器人」。

案例分析：

比爾蓋茲是一個具備了超前思維而成就創新夢和財富夢的極好的例子。比爾蓋茲在 1970 年代別人還沒看好電腦時，就已堅信電腦的未來並

致力於研發電腦的應用軟體。在成功之後，許多後來的人想方設法複製他們成功的經驗，但後來者都難以達到和超越他們的創新高度。創新者永遠都是走在前頭的。

所謂的超前思維，就是在綜合分析事物的客觀情況後，掌握未來的發展趨勢、判斷發展結果和狀態，從而做出決策的思維活動。超前思維是一種具有強烈前瞻性、創造性的創新思維方式，是一種具有科學預見性的意識。

在人類逐步邁進資訊社會的今天，知識的創造和資訊的傳播速度越來越快，立足現在已不能滿足發展的需要。誰超前搶占未來的制高點，誰就站在更有利的位置，占據更多的優勢。

超前意識往往與創新掛鉤，見識卓越的企業家們尋找到常人沒有發現的市場並進行開發，占據了領先的地位；或預見將要興起和繁榮的市場並迅速進行開發和占據，通常能得到豐厚的回報，而這正是創新的先兆和表現。這種預判就是超前思維發揮作用的結果。蘋果公司、本田企業等著名企業都是這方面的範例，而且這部分企業往往能擁有較多的市場占有率和較高的產業地位。

超前思維在商業創新上有著極其重要的作用。日本東芝公司總經理土光敏夫預見了第二次世界大戰之後石油航運的重要性，將目光集中在 10 萬噸以上的巨型油輪，設計出前所未有的 20 萬噸級、30 萬噸級超大型油輪，拯救了石川島造船廠和日本造船業。日本江崎糖業預見了成人泡泡糖市場的迅速發展，瞄準泡泡糖巨擘「勞特」的市場縫隙，在其成人泡泡糖推出緩慢的當時，抓住機會推出功能性泡泡糖，擠進了被「勞特」獨霸的泡泡糖市場。荷蘭的「湊趣」商店則是以超前的決策積極推

銷自身的產品。「湊趣」商店是根據驟雨的特徵在路邊提供雨傘、雨靴等並宣傳自家商店的一種經營模式。超前思維在商貿競爭中往往能使企業發現生機，尋找到發展的方向和道路。

　　隨著時代的發展，新技術新發現日益湧現。如何開發應用這些新的技術和發現已開發的技術的新應用是社會財富創造的重要途徑，而這樣的開發急需超前思維的運用。因而，在這個科技就是生產力的時代，超前思維顯得極其重要。1947 年 12 月，美國貝爾實驗室的研究人員成功地研製出世界上第一個可以將音頻訊號放大上百倍的電晶體。但當時美國方面只應用這項技術開發了助聽器。索尼公司在 1953 年以 2.5 萬美元買下這項當時不被看好的專利。1957 年，索尼利用這些技術成功地研製出世界上第一臺能裝在衣袋裡的袖珍式收音機「TR-55」，投放市場後出現了爆炸性的銷售效果。索尼公司因此發展了起來，甚至就此帶動日本的微電子工業在世界上獨領風騷數十年。一項新技術的發現如何轉化為生產力和利潤是現代生產和企業發展常常會遇到的問題，索尼總經理井深大和盛田昭夫預知超越電晶體的當下功用，從這項不起眼的技術中發現了新的商機，用未來的眼光預見了電晶體對於微電子產業的重大意義且採取了切實的行動，因此取得了巨大的成功。

　　那麼，如何建立超前意識呢？我們認為沒有捷徑，唯一的辦法是多了解產業內、產業外的最新興的資訊，多了解國內國外有關的專業性尖端資訊。為此要利用一切可能的途徑（包括網路、電視、報紙、科學情報、參觀訪問、實地考察、訪談、學習等），獲得盡可能多的本產業、其他產業的尖端資訊，並科學預測未來本產業的發展趨勢，及早探索、及早行動，才有可能比他人更快地推進創新行動，獲得創新成果。

五　發散思考的妙用：未來銀行帳戶的形式

案例：未來的銀行帳戶

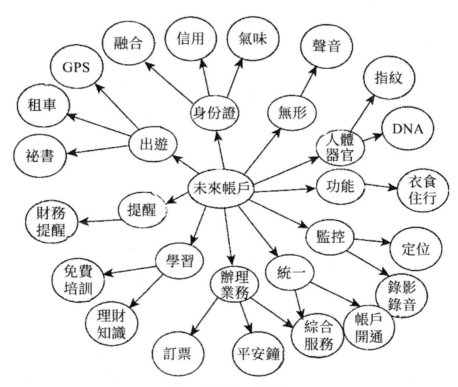

圖 3-16 未來帳戶設想

　　當前銀行爭奪客戶的競爭相當激烈，有人說銀行存簿即將消失，當然這是指銀行傳統實體帳戶，但也有人認為帳戶將得到創新。為了保存銀行用戶，獲得更多的存款，不少銀行在未來帳戶的研發上下足了工夫。未來銀行帳戶是什麼樣子的呢？

　　下圖顯示的是按照擴散性思考而獲得的未來銀行帳戶的創意：未來帳戶將與身分證融合；將變成無形的，透過聲音就可以支付；未來帳戶將與人體器官融合，透過指紋或 DNA 就可以支付；未來帳戶可以實現監控功能；未來帳戶將為人們帶來食衣住行方面的便利；未來帳戶將可以辦理各種各樣的業務（如訂票、長照服務等）……。

案例分析：

　　銀行之間為了爭奪客戶，必須在銀行帳戶上推進創新，上述案例展現了一個以擴散性思考為方法推進的銀行帳戶的創意，即從中心位置向四面八方進行擴散性思考，並找到創新點的一種方法。這種辦法是人們在一定資訊量的基礎上充分利用擴散思維進行創新的辦法。

　　不僅僅是銀行帳戶，當前在手機功能的開發上，也可以運用擴散性思考。只要你想得到，手機都可以提供這種功能。比如你可以用手機來看小說、看新聞、玩遊戲，當然，也可以用手機拍照、看電影，甚至你可以把它當做鬧鐘、手電筒、手錶或者日曆，這些都還是一般手機自帶的功能，如果再擴充一點，加上各種應用軟體增加的功能，那就更加數不勝數 ── 一些女生甚至可以用來記錄經期或者監測減肥。條列現代智慧型手機的種種便利，讓我們不由得想起，手機出現的最初不過是用來打電話而已，更進步一點也不過是可以發簡訊。而今天，它卻承載了我們生活越來越多的需求。從單一的功能到多元化、全方位的功能發展，手機的多種用途是擴散性思考在創造中的良好體現。

　　所謂擴散性思考，又稱輻射思維或放射思維、擴散思維，是指在面對一個問題時，人腦中呈現出一種擴散狀態的思維模式，它表現為思維主體同時想出解決問題的多種方法，呈現出多維發散的狀態，如舉一反

三、一題多解、觸類旁通等，如圖 3-17 所示。不少心理學家認為，擴散性思考是創造性思維最主要的思維方式之一，在很多領域被用來作為測量創造力的指標之一。

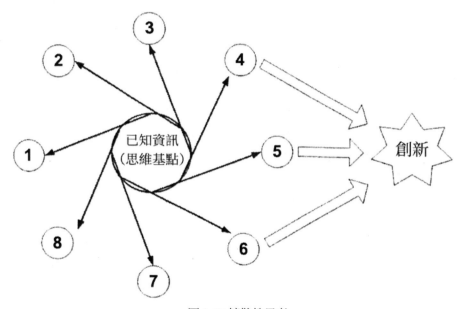

圖 3-17 擴散性思考

擴散性思考要求思維主體的思維向四面八方擴散，無限制地進行天馬行空的想像，甚至異想天開。透過思維的擴散，從而找到解決問題的新點子、新出路、新方法，甚至新創造。與其他創新思維方式的不同之處在於，擴散性思考在數量上有很明顯的優勢。它要求從一個已知的資訊（思維基點）出發，盡可能多地尋找資訊的運用方法，再從眾多方法中篩選出最優方案。因此擴散性思考能為創新實踐提供強有力的前提條件。

創新思維的途徑是多種多樣的，創新點所在的思維層面也是多維度多方向的，這就給擴散性思考提供了一個廣闊的用武之地。擴散性思考

的思路，就像是來源於同一個問題發源地的江河，以不同的姿態、不同的速度奔騰向前，最終殊途同歸匯入創新這片大海。這種從發源地分散出來的眾多小江小河，為創新大海提供了不少的源泉，就像伽利略說的：「科學是在不斷改變思維角度的探索中前進。」

1970 年代後期，面對經濟裹足不前甚至倒退的現象，日本官方決定在全國範圍內推廣「設想運動」（也有的稱為「進諫運動」），充分體現了群眾的集體力量之強大。單單豐田汽車公司在一年的時間裡就收到了 28.1 萬項建設性建議，其中包括不少創新性創造、設想、改進，採用率超過 80%。雖然豐田汽車公司獎勵這些建議的開支達到 3.3 億日元，但該公司當年的淨收入就提高了 160 多億日元。這種集思廣益的發散性思維，直接推動了日本經濟的發展。

在發散方法上，發散性思維有功能發散法、結構擴散法、方法發散法等。

一是功能發散法。功能發散法即將所要創新的功能進行發散從而獲得創意的辦法。功能發散法從產品的基本功能出發，尋找產品功能的新作用方式和作用目標，以最終達到開發新市場、刺激新需求目的的思維方式。

案例：日本人擴展電冰箱功能—微型冰箱的發明

20 世紀末期，全球電冰箱市場在較長時間裡一直處於被美國壟斷的狀態，而且幾乎每個家庭都配備齊全，其市場已經接近飽和，日本冰箱企業幾乎已經沒有什麼出路了。日本人在進行了全面的調查後，透過功能發散法將冰箱的功能由家庭使用擴展至辦公室、野外、汽車等使用，有意識地引導和刺激了人們潛在的消費需求，從而達到了創造市場需求、尋找產品的新出路、開發新市場的目的。

日本人據此發明了微型冰箱，尤其受到市場歡迎。這種微型冰箱可

以被隨身攜帶至辦公室、野外等地,強大的便捷性為其提供了巨大的市場需求,以至於投入市場初期即被搶購一空。

案例分析:

　　本案例中,日本人透過擴展冰箱的功能,從而達到開拓市場、創新產品的目的,不失為一種成功的創新方法。在當前我們的工作生活中,大多數的產品功能都是可以擴充的,而當我們實現這些產品功能的擴充時,就是我們推進創新之時。

　　功能發散利用了擴散性思考或擴散性思考對象的功能靈活性,尋找新方法,開拓新思路,為思維客體尋找新出路,最終能夠引導思維對象走向成功。

　　二是結構擴散法。結構擴散法即從事物的結構出發進行的擴散性思考活動,通常情況下是在事物的本來結構上做輕微的改進或改變,就能收到意想不到的效果。然而對於結構穩定的事物來說,結構的改變就意味著功能的改變,有時候結構的改變就能使事物煥然一新,甚至脫胎換骨,這體現了擴散性思考的獨創性。

　　案例:瓶裝味精結構的改變

　　日本有一家專門生產瓶裝味精的公司,生產的味精瓶蓋上有 4 個小孔,使用方便,再加上做工美觀、品質好,投入市場初期銷量非常好。但是一段時間後銷量出現了下滑,而且公司想盡辦法改進款式、容量皆於事無補。後來一位主婦向公司提了一個看似微不足道的建議,公司採用後銷量居然提高了近四分之一:在瓶蓋上多開一個孔(或兩個、三個孔)。原來一般主婦在使用的時候都習慣性地甩兩三下,多開一個孔,加大了味精的使用量,自然就提高了產品的需求量。

案例分析：

　　瓶裝味精以便捷性、美觀性和高品質在市場上贏得了一席之地，員工們在考慮對其進行改進的時候都只想著從其外觀和品質上入手，甚至嘗試著改變其便捷性，從站立式瓶裝改為懸掛式瓶裝，結果都收效甚微。主婦的建議取得成功，主要是建立在其從瓶裝味精的結構上入手，透過細緻入微地觀察使用者的使用習慣和產品的結構之間的連繫，提出創造性建議。這種從思維客體的結構入手去改變其結構特徵，包括增大、縮小、調整、搭配等方法，達到改變事物功能的目的，從而產生獨創性設想的思維方式被稱為結構發散。

　　結構發散法，要求我們在產品的結構上進行擴散性思維，即首先羅列產品的結構特徵，然後對產品的特徵進行一個全方位的審視，並以試驗的形式改變產品的任一結構，看看能得到什麼結果？引起什麼變化？發生什麼效果？產品結構的改變，其功能或者作用方式往往會產生意料不到的創新。

　　三是方法擴散法。方法擴散法即透過操作方法的擴散來達到創新目的的方法。這種透過改變常規方法的思維方法同樣具有很強的創新性。

　　案例：東芝電電風扇的銷售方法創新

　　1952 年，日本東芝電器公司積壓了大量電風扇。在總裁的帶領下，公司所有員工都在銷售方法上進行擴展性腦力激盪，他們提出很多種解決積壓庫存的方法，包括促銷、打折、轉變市場、獎勵、贈送等方法。其中一位名不見經傳的小職工提出：把電風扇改成彩色的，立即得到了總裁的高度讚揚。原來那個時候全球的電風扇不論是扇葉還是外形都是黑色的，東芝的電風扇也是如此。東芝公司的電風扇品質比較好，但顧客卻很難在眾多廠商中一眼認出它們來。公司決定採納將電風扇改成為

彩色的建議，之後果然銷量大增。這個做法不但為東芝公司樹立自己的品牌形象帶來契機，還引領了世界彩色電風扇的時尚。

案例分析：

　　諸如電風扇、冰箱等實用性電器商品，解決其積壓庫存的方法很多，只要利用方法擴散法，透過集思廣益，一定能夠找到有利於產品銷售的創新方法。在小員工提出彩色電風扇之前，人們的意識、觀念裡全是黑色的電風扇，要解除這種思維定勢和傳統觀念進行創新實屬不易，而能夠從創新中獲得成功更是難上加難。

　　透過擴散性思考想出來的方案、方法等具有數量上的優勢，有時可以同時想出幾個甚至十幾個不同的方案，其中有些是別生開面、沒有先例的異想天開，其對錯、可行性等都暫時無法得到驗證，必須透過實踐才能做定奪。這是擴散性思考的獨創性特點。這種特點決定了擴散性思考的冒險性，甚至有些發散產物創新性比較高，需要思維主體屏棄舊觀念的束縛，勇於冒險和嘗試。

　　1987 年，一次創造學術研討會會中日本學者村上幸雄拿出一把迴紋針，請大家動動腦筋，打破框架，想想迴紋針都有什麼用途？比一比看誰的發散性思維好。會議上一片譁然，七嘴八舌，議論紛紛。有的說可以別名牌、掛日曆、別文件，有的說可以掛窗簾、釘書本，大約說出了20 多種。大家問村上幸雄：「你能說出多少種？」村上幸雄輕輕地伸出三個指頭。有人問：「是 30 種嗎？」他搖搖頭，「是 300 種嗎？」他仍然搖頭，他說：「是 3,000 種。」此時，坐在臺下的一位先生說：「幸雄先生，對於迴紋針的用途我可以說出 3,000 種、30,000 種……幸雄所說迴紋針的用途我可以簡單地用四個字加以概括，即鉤、掛、別、連。我認為遠

遠不止這些。」接著他把迴紋針分解為鐵質、重量、長度、截面、彈性、韌性、硬度、銀白色等 100 個要素，用一條直線連起來形成資訊的橫軸，然後把要動用的迴紋針的各種要素用直線連成資訊的縱軸。再把兩條軸相交垂直延伸，將兩條軸上的資訊依次「相乘」……於是迴紋針的用途就無窮無盡了。例如，加硫酸，可製氫氣，可加工成彈簧、做成外文字母、做成數學符號進行四則運算等等。這其實也是運用擴散性思考進行創新活動的生動例子。

六　求異：人人都會見異思遷

　　渴望改變，渴望生活中出現哪怕只有一絲的新意，這是現代人一種常見的心態。如今聽見的是被重覆了無數次的話，從事的是被重覆了無數次的事，接觸的是熟悉的不能再熟悉的人，每天看著大同小異的廣告，用著山寨仿造的商品，過著年復一年、日復一日的生活。我們需要不一樣的感覺，需要眼前一亮，需要剎那間的驚喜。

　　正是在高度重覆的社會裡，我們更需要求異的創新思維，你說的話、做的事、你生產的產品、你創造的藝術，需要新的思路。

　　案例：日新月異的手機

　　手機自從誕生以來，外形與內容功能都發生了日新月異的變化，早年是大而笨重的「大哥大」；後來的手機王者是 Nokia，它們製造的手機沉而結實，很受消費者的歡迎；不久之後，摩托羅拉設計出折疊手機，十分熱門，一度取代了 Nokia 的位置；而當蘋果推出觸碰式手機 iPhone 後，手機市場的智慧化趨勢勢不可擋；隨著手機越變越小、越變越薄，三星反其道而行之，推出了大螢幕手機 Galaxy Note，一時引領時尚。

> **案例分析：**
>
> 　　手機的演變歷程，充分說明人們喜新厭舊的特性。沒有人能夠對同樣款式的東西保持長期的興趣。一款產品推出後，若不能隨著形勢的變化及人們審美觀念的改變而改變，就必然會被人們所拋棄。人們都有著求異的要求，而利用自身的求異思維推進產品／服務的創新，是創新最好的途徑之一。

　　所謂求異思維，就是不按常理出牌，顛覆原有的思維邏輯，是人腦自主地將已儲存的知識、理論進行重組，自覺地打破思維定勢和思維習慣，在常規思維中尋找突破點並產生眾多獨特方法的思維方式，是人們從實際出發又不被實際所束縛，進行創造性思考，從而找到新出路，再解決新問題的思維過程。所以求異思維很重要的一點就是要打破常規，解放思想，另闢蹊徑，標新立異。

　　美國心理學家吉爾福特（Joy Guilford）曾經為求異思維下過這樣的定義：「求異思維是人腦從所給的資訊中產生資訊，從相同來源中產生各樣為數眾多的輸出」。按照這個說法，求異思維就是從問題點出發，不斷打破舊觀念的束縛，產生新方法的思維過程。求異思維是發散性思維、聯想思維和想像思維、靈感思維共同作用的結果，對人腦進行創新創造提出了更高的要求。

　　在電視節目裡，對於各種已經編排好的新聞節目，人們已經提不起什麼興趣，各種話術、空話，已經讓人覺得無聊。人們希望打破既定的生活邏輯，希望出現顛覆性的變化和新思維。

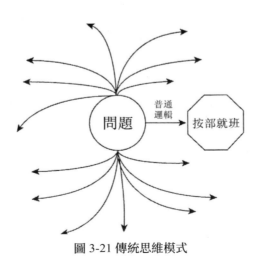

圖 3-21 傳統思維模式

求異思維與眾不同的地方在於其創造結果的獨特性和新穎性。它需要非常敏銳的洞察力和準確深刻的記憶力以及用於探索新思路新方法的冒險精神。這整個過程，其實就是對已知領域知識和實踐的重新整合和遷移。因此，求異思維在「求異」的過程中，其方法多種多樣，在此我們列舉三種比較典型的方式。

一是多向求異法。多向思維是求異思維最主要的表現形式。它體現為從問題或現狀出發，從不同角度、不同方面、不同層次去探索問題的根源所在及解決辦法。其功能就是為了避免產生單一、枯燥乏味的結果。因此，多向思維在企業行銷策劃中被運用得最多。

案例：小米的多向求異法則

自 2010 年小米公司成立以來，不到 5 年的時間，該公司的資產就超過 400 億元。2014 年，小米手機在中國的銷量超越蘋果、三星等一直在中國手機市場占有率中高居榜首。這有賴於小米公司運用的有別於其他手機銷售方法的「網上搶購」方法，在民眾中反響劇烈。除此之外，在抓住消費者的消費需求的同時，小米手機還首創了多彩背殼、打出「為發燒而生」的口號，可以說，小米是在行銷手段（飢餓行銷）、客戶服務（小米發燒友培育）、產品設計（性能外觀）多管齊下的求異操作下，成就了手機的銷售奇蹟。

案例分析：

小米手機的求異是多方向的、多方位求異，不僅在產品設計上，而且在銷售上、客戶服務上都進行了求異操作，這使得小米在顧客中留下了非常獨特的印象，也成為了創新的代名詞。

多向思維與擴散性思考相同的地方就是，在問題面前，人腦都是從不同點、線、面去解剖問題的根源所在以及從不同的層面去尋求問題的解答，從而得出不同的解決問題的方法。不同之處在於，多向思維是為了達到某一目標，從多個問題基點入手，從各個方面尋求能達到共同目標的新思路、新方法。

二是變形求異法。變形求異法即是指透過改頭換面的方式來達到原來按照正常路徑無法完成的目標的方法。

案例：德國青年的變通法

第二次世界大戰後的德國依然處於資訊封鎖狀態，社會上普遍出現了「資訊飢荒」，各種資訊的缺失導致了資訊的嚴重不對稱性，大家都在尋找各種途徑獲得所需要的資訊。一個年輕人意識到了資訊的重要性，從境外購進了不少收音機，想藉此大發一筆。然而在聯軍封鎖下的德國，明令禁止出售和製造收音機。此種情況下，年輕人想到了一個好辦法：把一部完整的收音機拆成一個個小零件，並把零件和線路裝進盒子裡，作為組裝玩具出售。這個方法果然很靈，逃過了聯軍的搜查，也為他帶來了不小的收益。

案例分析：

上述德國青年採取變通的方法達到了原定要達到的效果。

變形求異法我們今天聽起來似乎很拗口，但實際上，它所代表的方法論卻是我們早就耳熟能詳的，如「明修棧道，暗渡陳倉」、「圍魏救趙」、「聲東擊西」等，其實都是廣義上的變形求異，都是脫離事物原來的行進方向而另闢新徑取得預期效果的方法。

我們在思考本公司的產品／服務設計時，必須要思考：如何才能做到跟別人的不一樣？跟以前的不一樣？如表 3-3 所示。

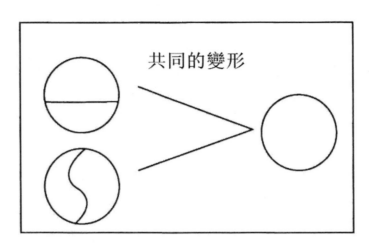

圖 3-23 變形求異方法

表 3-3

差別上的要求	與自己以前的不一樣	與同行／競爭對手的不一樣
產品外觀		
產品／服務功能		
產品服務銷售手段／管道		
產品／服務目標客群，價格定位		
產品／服務的售後服務		
產品／服務的廣告形式		

有人會認為上述方法是「為了差異而差異」，並不具有價值。但我們認為任何的差異都有可能給顧客帶來不一樣的體驗、不一樣的感覺，一定會是有價值的差異與創新。

七　逆向思考：反其道而行

案例：法國逆向推銷馬鈴薯

馬鈴薯從美洲引進到法國，但它很長時間沒有被推廣。宗教迷信者認為馬鈴薯是「鬼蘋果」，醫生們認為馬鈴薯對人的健康有害，而農學家斷言馬鈴薯會使土壤變得貧瘠。著名的法國農學家安托萬・帕爾芒捷（Antoine-Augustin Parmentier）決意要在自己的家鄉種植它並使之推廣，但效果甚微。

於是帕爾芒捷想方設法得到國王的許可，在一塊出了名的低產的田地上栽培馬鈴薯。根據他的請求，白天由一支身穿儀仗服裝的、全副武裝的國王衛隊看守這塊地，稱之為守衛「禁果」；但到了晚上，警衛就撤了。這時，人們受到禁果的引誘，每天晚上就來偷馬鈴薯，並把馬鈴薯種到自己的菜園裡。這樣，馬鈴薯終於在法國推廣開來。

案例分析：

帕爾芒捷之所以能成功，是因為他抓住了人們的反抗心理。反抗心理是被引導者由於引導的某些特點，從而對某一事物在態度上的變化。通俗地說就是：「你不說還好，越說越不聽。」上述故事中表現出來的，就是心理學上被稱為「禁果叛逆」的心理現象。運用「禁果叛逆」有時可能會去的意想不到的「成功」。

逆向思維，是顛倒已經司空見慣的現象或一般的思維慣性的思維方式，實際上是求異思維的一種。勇於「反其道而行之」，打破舊觀念、舊習慣的束縛，從事物的對立面入手，深入地探索問題的相反面，挑戰

第 3 章
創新密碼隱藏在哪些思維裡

人腦慣性，這是逆向思維最突出的特點。當人們已經習慣於從事物的發展規律去思考問題的時候，出其不意的逆向思維往往能夠帶給大家思想上、感官上的衝擊。

傳說有一位商人的朋友跟他借了 2,000 元，但還款期限快到了的時候，商人卻發現借據丟了。商人清楚地知道借據丟了如果被朋友知道，他是很容易賴帳的。焦急萬分的商人寢食難安，這時候他的另一個朋友對他說：「你寫封信給你朋友，說借他的 2,500 元很快就到還款期了。」商人很不理解：「借據丟了，我現在連 2,000 元都恐怕拿不回來，怎麼可能叫他還我 2,500 元呢？」但是商人還是照做了。很快商人就收到回信：「朋友，我跟你借的是 2,000 元，不是 2,500 元，我會很快還你的。」就這樣，商人又擁有了朋友跟自己借款的證據了。這就是著名的「哈桑借據法則」。在解決問題時，很多人都會在思維定勢中打轉，最後只能乾著急，問題的解決辦法卻依然遙遙無期。「哈桑借據法則」運用的這種逆向思維，從結果出發反向去尋找可行的辦法，往往辦法就在眼前。

逆向思維的普遍性體現在其表現方式的多樣性。成語中的「顛倒黑白」、「綠肥紅瘦」、「左顧右盼」、「南轅北轍」等都表現出對立統一和矛盾性，從思維的角度講，都至少有一對正反順逆的過程。

化學反應中的正反應和逆反應、物理現象中的電生磁和磁生電現象、數學思維中的合情推理與演繹推理，這些正反對比、普通與特殊的現象都是逆向思維的典型表現。也正因為有這些對立面的存在，才提供了逆向思維廣闊的應用空間。

一般而言，逆向思維具有普通性、批判性、新穎性三個特點，因而相對應的方法也有反轉逆向思維法、缺點逆向思維法、轉換型逆向思維法，如圖 3-24 所示。

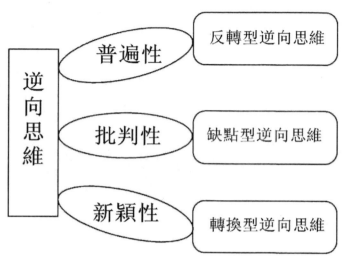

圖 3-24 逆向思維

　　其一，普遍性與反轉型逆向法。唯物辯證法的觀點認為，萬事萬物都是對立統一的，包括人類社會、人類思維在內，所有事物都具有內部矛盾性，這種普遍的對立統一決定了逆向思維的普遍性。

案例：逆向原理發明的吸塵器

　　1901 年以前，所有的除塵器都是吹風的。英國人布斯（Hubert Booth）到倫敦萊斯特廣場的帝國音樂廳參觀這種由美國人發明的除塵器表演。這種除塵器用壓縮空氣把塵埃吹入容器內，但布斯認為此法並不高明，因為許多塵埃未能吹入容器。後來，他反其道而行之，用吸塵法。布斯作了個很簡單的試驗：將一塊手帕放在椅子扶手上，用口對著手帕吸氣，結果使手帕附上了一層灰塵。於是，他製成了吸塵器，用強力馬達把空氣吸入軟管，透過布袋將灰塵過濾。這種吸塵器一直沿用至今，成為了一百多年來人們最重要的家用電器之一。

案例分析：

　　當人們從正面無法得到較好的結果時，不妨反過來試一試，說不定能得到奇效，吸塵器的發明充分說明了逆向創新的重要性，「反一反，效果奇」。

　　利用這種逆向方法的人很多，如香港一位富豪霍英東，早年香港的房子都是先建好房再出售，但是這個思維慣性卻在霍英東時代被打破。霍英東早年是位窮困潦倒的水手，在反覆思考「難道不能先出售再建房」之後，他摸索出了一套先透過廣告招攬買主，將設計圖模型化後分層出售樓宇的新模式，有時候還採用分期付款的方式預售房地產。這樣一來，既解決了建築的資金周轉問題，又能使普通老百姓都能買房。由於資金充足、分期付款的形式新穎，立信建築置業公司建造出來的房子品質上乘，口碑極佳。短短幾年內，該公司出售的高樓就遍布了整個香港地區。霍英東這個既非建築專業出身又非房地產銷售老手的「窮光蛋」，用不長的時間就成為身價過億的億萬富翁。在普通老百姓眼裡，他就是典型的「一夜暴富」大亨，在他自己眼裡卻是有賴於其不斷挑戰舊觀念束縛的堅持。早年的霍英東因為買不起房而苦惱，這種窘境迫使愛思考的他出現了「先售房，再建房，分期付款」的逆向「變戲法」式的念頭。很明顯，這種「戲法」變得很受老百姓擁護。

　　其二，批判性與缺點逆向思維法。逆向是相對正向而言的，正向思維是指常規的、被人們公認的想法與習慣。逆向思維則是與正向相反的，別開生面的、打破慣例的，克服思維定勢，打破舊傳統觀念和習慣的新的認知模式和思考模式。逆向思維的這種勇於挑戰常規的屬性決定了它必須具有強烈的批判性。

案例：醜陋玩具的發明

美國艾士隆公司歷來都生產色彩多姿的非常漂亮的玩具，董事長希耐在一次散步的時候，看到幾個小孩子在玩一隻非常醜陋的昆蟲。於是他茅塞頓開：一直以來，人們都認為外觀優美、符合黃金比例的作品才能讓人賞心悅目，這種思維慣性實在害人不淺。「醜陋」的玩具其實在一種程度上也是「美」，特別是當人們對美好事物的思維慣性已經接近厭煩，醜陋東西就成了市場上的稀缺資源。因此艾士隆公司開始生產醜陋的玩具，譬如橡皮做的「粗魯陋夫」和印有許多醜陋面孔的「瘋球」等「醜陋玩具」，迅速占據了不小的市場占有率。

案例分析：

人們已經習慣某種事物的正反面、優缺點，比如飛機的高速優點及其對飛行環境的高要求性缺點、美麗長相的優點及醜陋長相的缺點等，逆向思維的批判性屬性告訴成們，缺點是相對的，缺點在某種情況下能被轉換為優點。

優點或缺點，是被人們下定義的，只能在一定的條件束縛下才能相對地比較優劣得失。但是這種優劣經常被人們奉為真理，經常羈絆著人腦進行創新。

其三，新穎性與轉換型逆向思維法。循規蹈矩的思想和方法解決問題時總是會給人刻板的感覺，逆向思維的方法總能擺脫習慣的束縛，從人們陌生的一面去尋求問題的解決辦法，常常能帶給人耳目一新的感覺，這就決定了逆向思維所具有的新穎性，而這也是逆向思維能夠作為創新思維工具之一的根本所在。在解決或研究問題的時候，常規的方法行不通，不一定需要完全從問題的對立面來考慮，換一種思路、換一種

角度去思考問題，從而使問題得到順利解決也是逆向思維的一種方式。這種思維方法在逆向思維中最為常見，叫做轉換型逆向思維法。

案例：把人關在籠子裡面的動物園

早年的動物園都是把動物關在籠子裡面供人觀賞的，美日「看猴」，但紐西蘭一個動物園突發其想，把人關在籠子裡面，讓動物在外面觀看，收到了意想不到的效果，動物園一時爆滿。

案例分析：

當人們已經厭煩了原來的做法之後，沿用老辦法已經難以收到效果了，這時不妨反過來試一試，既能達到新鮮的效果，又能刺激人們的好奇心，達到新體驗、新感覺的目的。

轉換型逆向思維法在發明創造中也有很多運用。當絞盡腦汁用盡常規的方法也無法解決問題時，它就派上了用場。甚至有時候，轉換一個思維，出乎意料的小發明、小創造能夠直接刺激人們的需求。

《圍爐夜話》中寫道：「為人循矩度，而不見精神，則登場之傀儡也；做事守章程，而不知全變，則依樣之葫蘆也。」逆向思維告訴我們，阻礙我們成功的不是我們對未知的恐懼和捉摸不透，而是被已知的甚至是熟悉的事物束縛住了。解放思想，勇於打破常規，標新立異有時候能為創新創造帶來出乎意料的指引。

第 4 章
從生活周遭發現創新密碼（上）

不創新是等死，亂創新是找死。

—— 佚名

對於很多人來說，創新是一個讓人既熟悉又陌生的詞彙，每天關於創新的言論充溢於耳，但是真要讓我們寫出個所以然來，恐怕很多人無從落筆。

創新並不依賴於行為的隨意性，或者準確來講，創新是一門有規律的科學，它包含著一系列的方法體系，不講方法的創新，是亂創新，打著創新名號自我陶醉、故步自封，是偽創新。

創新不易，當然也並不難，就如同小馬過河，你沒有親身去實踐過，就不知道，原來河水沒有小松鼠說得那麼深，也沒有老水牛說得那樣淺。

創新最寬廣的領域，就在我們生活中，創新的真正密碼，就在你我身邊。

第 4 章
從生活周遭發現創新密碼（上）

一 類比與模仿

類比模仿，是創新最簡單有效的方法。人們的智慧是無窮無盡的，如果單靠一個人的力量，想要在短時間內完全顛覆已有的文明成果，那是不現實的，因為最聰明的做法，是借鑑別人的智慧，拿來為自己所用。正如牛頓所言，他取得的一切成就，都因站在了巨人的肩膀上。

當然，我們並不提倡不經思考的「拿來主義」，別人的東西，終究是要經過批判和揚棄，然後才能真正開發出創新的價值。

1. 動物植物都可模仿

仿生學，在人類發展進步的歷史上發揮了巨大的作用，它把我們學習的對象，從人類社會擴展到整個自然界，透過對動植物的種種特性的觀察與研究，人類開發出大量的創新事物。

案例 1：蒼蠅與太空梭

令人討厭的蒼蠅，與宏偉的航太事業似乎風馬牛不相及，但仿生學卻把它們緊密地連繫起來了。蒼蠅是聲名狼藉的「逐臭之夫」，凡是腥臭汙穢的地方，都有牠們的蹤跡。蒼蠅的嗅覺特別靈敏，遠在幾千公尺外的氣味也能嗅到。但是蒼蠅並沒有「鼻子」，牠靠什麼來充當嗅覺的呢？

原來，蒼蠅的「鼻子」——嗅覺感受器分布在頭部的一對觸角上。每個「鼻子」只有一個「鼻孔」與外界相通，內含上百個嗅覺神經細胞。若有氣味進入「鼻孔」，這些神經立即把氣味刺激轉變成神經電脈衝，送往大腦。大腦根據不同氣味物質所產生的神經電脈衝不同，就

可區別出不同氣味的物質。因此，蒼蠅的觸角像是一臺靈敏的氣體分析儀。

　　仿生學家由此得到啟發，根據蒼蠅嗅覺器的結構和功能，仿製成功一種十分奇特的小型氣體分析儀。分析器一經發現氣味物質的信號，便能發出警報。這種儀器已經被安裝在太空梭的座艙裡，用來檢測艙內氣體的成分。這種小型氣體分析儀，也可測量潛水艇和礦井裡的有害氣體。利用這種原理，還可用來改進電腦的輸入裝置和有關氣體層分析儀的結構原理。

案例分析：

　　很少人會想到，對蒼蠅的研究竟然也可以造福人類。其實大自然造物，凝聚著宇宙最高深的智慧在裡面，每一種生物經過億萬年的優勝劣汰、進化繁衍，都在生存本領上有著過人之處。一方面，如果人們能夠最大限度地把這些本領學到手，那麼人類發展便有了無窮盡的智慧來源；另一方面，動植物的特性存在，就已經證明了某項技術是符合自然規律的，而你不是毫無根據的空想，這為人類在創造發明領域節省了大量的論證工作。某種程度上，仿生學，是在為創新「作弊」。

　　再如，人類利用蒼蠅和蜻蜓的複眼結構，發明了複眼照相機。

　　動植物經過億萬年的篩選與改進，每一個生物都有著其不可比擬的優點，人類仿效生物進行的發明創新數不勝數。

表 4-1 人類的仿生學發明

蜻蜓振翅可上下翱翔	人類仿效並研究製造了直升機
蝙蝠可以發出和聽到超音波	人類仿效研發了超音波並用於軍事和航空
螢火蟲可以發出光	人類仿效研發人工冷光

蜜蜂使用輕型材料建房	人類仿效研發蜂窩牆板
海豚游速極快	人類仿效在魚雷外層貼人造海豚皮

再如，利用對動植物的模仿，我們取得了數不勝數的創新成果。例如，我們從魚身上獲得靈感，製造出潛水艇；從魚鰭想到划槳；從鯊魚那裡學會製造泳衣；從電魚那裡聯想到伏特電；從水母的耳朵那裡知道了風暴探測儀的製作；從鳥身上獲得啟發，製造出飛機；看見動物的鱗甲，做出了屋頂瓦楞；研究青蛙的眼睛，做出了電子蛙眼；利用藍藻的光合作用研究，做出了光解水裝置……

所以聰明的讀者，在你為某個技術問題絞盡腦汁而不得其法的時候，出去大自然走走，看看那些飛禽走獸，說不定能從中獲得一些靈感哦。

2. 擬人法 —— 可口可樂曲線瓶的來歷

在創新實踐中，觀察和發現的眼睛也不一定要只盯著自然界，其實人類本身就是上帝最偉大的創造物 —— 如果上帝真的存在的話。

人體的美，在歐洲文藝復興時代曾經作為藝術繪畫創作的重要主題，例如達文西創作的大衛雕像，體現男性剛強之美，拉斐爾（Raphael）的《椅中聖母》，體現的是慈愛之美。當然，體現女性優美線條的作品更是浩如煙海。

創新行為中，如果要加入藝術美的元素，那麼擬人是一種重要的手段。

案例 2：可口可樂瓶子的由來

西元 1898 年魯特玻璃公司一位年輕的工人亞歷山大·山姆森在和

女友約會中，發現女友穿著一套連身裙，顯得臀部突出，腰部和腿部纖細，非常好看。約會結束後，他突發靈感，根據女友穿著這套裙子的形象設計出一個玻璃瓶。經過無數次的反覆修改，不僅將瓶子設計得非常美觀，很像一位亭亭玉立的少女，他還把瓶子的容量設計成剛好一杯水大小。瓶子試製出來之後，獲得大眾稱讚。有經營意識的亞歷山大‧山姆森立即到專利局申請專利。當時可口可樂的決策者坎德勒（Asa Candler）在市場上看到了亞歷山大‧山姆森設計的玻璃瓶後，認為非常適合作為可口可樂的玻璃瓶包裝，經過一番討價還價，最後可口可樂公司以600萬美元的天價買下此專利。亞歷山大‧山姆森設計的瓶子不僅美觀，而且使用非常安全，易握不易滑落。更令人叫絕的是，其瓶型的中下部是扭紋型的，如同少女所穿的條紋裙子；而瓶子的中段則圓滿豐碩，如同少女的臀部。此外，由於瓶子的結構是中大下小，當它盛裝可口可樂時，給人的感覺是分量很多的。採用亞歷山大‧山姆森設計的玻璃瓶作為可口可樂的包裝以後，可口可樂的銷量飛速增長，在兩年的時間內，銷量翻了一倍。從此，採用山姆森玻璃瓶作為包裝的可口可樂開始暢銷美國，並迅速風靡世界。600萬美元的投入，為可口可樂公司帶來了數以億計的回報。

案例分析：

　　人體，無疑是生物進化過程中最深度的選擇，因此模仿人類生理機能具有不可比擬的優勢，其不僅在美學上存在優勢，在物理學上也同樣有著特殊的參照價值。亞歷山大‧山姆森設計的瓶子仿照對象便是人的身體。

　　或者有些人會說，人體本身可以仿照的空間太少，因為種類單一，形式固定。這種觀點有其道理，但是卻是思維受限的體現。

在世界拳擊歷史上，曾經有兩大名將，拳王泰森和霍利菲爾德（Evander Holyfield），他們曾經有過意義非凡的爭奪之戰。在一次比賽中，泰森發起狠勁，竟然把霍利菲爾德的一隻耳朵給咬了下來 —— 這一事件曾經成為人們熱議的話題。其中有個商人，從中看出了商業價值，他把洋芋片做成耳朵的模樣，然後命名為「霍利之耳」，結果這種洋芋片銷量大增，讓設計者大賺了一筆。

此外，擬人法所指向的不僅僅停留於人類的外形以及生理，其對人類行為的模擬和人類智慧的模擬也是非常重要的內容。曾經有人苦惱於在一片草地上設計出一條合理的行走路徑，旁人建議放開籬笆保護，人們很快就會自動走出一條路來，事實證明果然如此。可見人類行為具有一定的自然理性，運用得當就可以事半功倍。同時，隨著機器人智慧型技術的發展，擬人原理極大推動了社會發展。

3. 移植領先者經驗和技術

在自身創造力有限的前提下，合理借用別人的文明成果，發揮「後發」優勢，何嘗不是一種創新捷徑？

模擬類比創新的一般途徑有 3 個：生物仿生、人體仿生與經驗移植，前面兩個途徑也可以歸結為同一門類，那麼我們可以認為模擬創新包括兩大方面：仿生與移植。

仿生創新，目前已經發展成為一門獨立的科學：仿生學。這門學科在現代科技發展中發揮了極大的作用。作為一門成熟的學科，仿生學的運用已經達到很高的層次，進一步地拓展，需要有良好的生物科技知識作為支撐，這一點對於我們普通大眾而言，是一個門檻。但是需要注意的是，仿生創新，並不需要我們每個人都成為仿生學的專家，正如可口

可樂案例一樣，很多的仿生原理，其實並不複雜。除了運用在科技發明領域之外，仿生創新在商業設計領域，往往會顯得實用和簡便得多。舉一個簡單的例子，如果你是一名企劃，你的上司要求你做一個舞臺設計方案，運用簡單的仿生學原理，你可以把舞臺效果設計為一個海洋生物系統：海藍的燈光背景，潮汐的聲音效果，波浪的動感設置，自由遨遊、寬廣包容的方案主題……同樣是仿生創新，但是你所需要的，並不是把自己變成一名海洋學專家。

移植創新，是一種非常實用的創新形式，但是它並不是我們一般理解的「拿來主義」。首先，移植創新需要廣闊的視野和見識，否則移植就成了無本之源。現在的移植創新甚至需要一定的國際視野，當現有的一些模式難以滿足創新需求的時候，跨國界、跨領域的經驗移植已經發展成為一股不小的潮流。然後，移植創新需要以自身為本體，不能本末倒置，就如同植物嫁接一樣，需要從母體充分吸收養分，否則結出來的果實，有可能成為無價值的怪胎。

模擬創新跟其他創新一樣，需要做到以下幾個方面：

1. 對大自然與社會生活的感受力。換一種說法，就是要對世界保持敏感度。麻木的人，即便你把創新的細節逐一告知，他也只會照本宣科，依樣畫葫蘆，做不出真正的創新作品。對世界的敏感度，某種程度上可以看做創新人才的特質，那是一種難以言喻的靈性，同樣是面對一棵樹，有人看到的是勃勃的生機，看到每一細節的變化；而有些人，只看到一個靜態的、呆板的符號。而這種特質，是需要後天培養的。正如魯迅所言，即便是天才，他出生的第一聲啼哭，也不會是一首歌。仿生創新特質的培養，一方面需要後天的知識累積，另一方面也需要養成細緻觀察、獨立思考的習慣。當你看到一個簡單的自然想像的時候，你大

腦的慣性不是置若罔聞，而是自動聯想到它可以如何運用到我們的生活中，那麼，就意味著你具備了仿生創新的個人特質。

2. 各種創新思維對大腦的改造。靈感思維、聯想思維、擴散性思考、求異思維、逆向思維等，這些在上一章節介紹給大家的內容，正是仿生創新的必要利器。沒有經過系統的思維改造的大腦，就如同一桶漿糊，沒有辦法堆砌出真正的創新構想。而創新思維對大腦的改造，則需要我們系統地訓練和強化。正如一些人所言，如果你要改變世界，那你首先需要改造你的大腦。

3. 規避思維障礙。慣性思維、從眾思維、迷信思維、保守麻木等思維習慣，常常讓我們與創新機遇失之交臂，認真系統地對思維障礙進行辨別與認知，可以讓我們少走一些彎路。

4. 鍥而不捨的創新精神。創新自然不會是一件易如反掌的事情，在一個靈感火花閃現之後，緊接而來的是大量的具體困難，或是技術堡壘，或是資金瓶頸，或是時間限制等，不一而足。只有鍥而不捨地堅持到最後，才能最終收獲創新帶來的豐碩成果。

5. 高效執行。很多時候，人們都會湧現出靈感的火花，但是更多的時候，這些靈感都只是曇花一現甚至一閃而逝。所以，一旦開始了創新之旅，那麼就要保證每個細節、每個環節都落實，要把大腦中的東西，變成現實的創造。

在模仿創新中，也有幾個方面的注意問題：

一是仿生創新要注意量力而行。俗語有云，沒有金剛鑽，就別攬瓷器活。很多的仿生創新，可能涉及到一些複雜的生物學知識，有一些甚至屬於科學的未知領域，這方面的研究，需要耗費龐大的人才支持和資金保障。所以對於一般人來說，我們運用仿生原理創新，應更加注重其

簡易性、實用性和巧妙性。

　　二是經驗移植要注意合理規避法律問題。很多創新的產品或者模式，都存在專利保護問題，這也是創新利益應該享有的保障。因此，在使用經驗移植方法創新時，應盡可能做到利益共享而不是非法侵犯他人利益。例如國外某品牌汽車在外形設計時，將各大品牌的汽車外形都充分模仿，但是卻將這種模仿限制在法律允許的範圍之內，很好地規避了法律風險。

　　三是經驗移植強調自己的創新元素。簡單的複製模仿不是經驗移植方法所提倡的。如製作與國外同類型電視節目，如果沒有加入獨特元素，不充分考慮國內市場特點，那麼也就談不上模擬創新。

二　微創新的力量

　　在某次創業與就業論壇會上，一位科技業董事長提出建議網路草根創業者致力於「微創新」。該董事長認為，作為創業公司，創新非常重要，那怎麼理解「創新」呢？他提出了一些人對創新誤解的情況：很多人認為自己在小公司，屬於草根階層，做不出石破天驚的技術，也不能突然把這個產業顛覆了。有鑒於此，他認為應該有一種新的創新方式，就是「微創新」。

　　現代社會是物質文明高度發達的社會，單憑一己之力，要做出顛覆社會生活模式的創新革命，已經太難太難。因此，每一個想要創新的人，更加務實。只選擇某一個領域某一個環節中的某一個方面，只要你在某一個細節上勝出，那麼你就已經有了一定的競爭力。現代創業模式高度重合，即便你真的有一個天才式的奇思妙想，一旦你把它推向社會，很快你也會失去對它使用權的獨占。因此我們可以做的，就是在一個個細節上不斷改進，積小流而匯成江河，讓無數小創新形成體系，這便是你的核心競爭力。

1. 賈伯斯的 iPhone —— 系統模仿，但開發新體驗

案例：賈伯斯的 iPhone

　　「你覺得蘋果的 iPod、iPhone 還有 iPad 有什麼高、精、尖的技術突破嗎？其實沒有，但蘋果把現有的技術以一種新的方式整合在一起呈現在用戶面前，提供了一種完全不同於 intel 的全新體驗。靠這個占領市場

後，蘋果就快速推新版本，每一個新版都有新的用戶體驗。所以說，蘋果是利用了做網路軟體的方式來做硬體。」某科技業董事長如是說。

　　誠然，很多人都以為 iPhone 是觸控式手機的發起者，但實際上，它最早於 1999 年現身，摩托羅拉在 1999 年末推出的 A6188 手機，才是全球第一部具有觸控螢幕和中文手寫識別輸入的行動電話，算是智慧型手機的鼻祖。而第一代 iPhone，在 2007 年 1 月 9 日才由蘋果公司前執行長賈伯斯發布，中間間隔了整整 7 年。而蘋果所做的工作自然也不能被忽略，它將一些原本還不是非常成熟的技術更加完善，使之穩定和更有保障，同時將各種技術相互融合優化，構建出一套最優組合，它追求細節，力求完美，它把現有的技術水準發揮到極致。於是結果就是，它為消費者帶來了全新的體驗，乃至於蘋果公司被認為是高科技的引領者 —— 其實更貼切來講，賈伯斯是一個系統模仿的集大成者。

案例分析：

　　蘋果手機的創新之處，在於其透過技術組合和技術改進實現產品的多角度、多方位的微觀發展，並將所有的微觀變化融合到一起，形成全新的產品體驗。在這一案例中，改變顧客的產品體驗表現為兩種方式：一是技術結構調整，實現產品性能優化；二是技術更新換代，實現產品性能提升。這兩種方式有一個前提就是不能脫離原有的產品母體 —— 蘋果手機如果沒有前面各類技術基礎作為參照，後面的微創新也就無從談起。

　　增強客戶體驗，作為創新的一個既定目標，為微創新提供了方向指南。創新必然是具有目的性的，甚至在一定程度上，承擔著創造價值的職能。客戶作為產品的使用者，具有對產品進行評價和選擇的權力，因此微創新必須要圍繞著客戶體驗來開展，包括創新的每一個細節，都要

考慮是否更加有利於滿足客戶需求，是否對客戶具備實用價值。

增強客戶體驗，要區別於原有的客戶體驗，而微創新則是造就這種區別的手段。將微創新進一步細化，一般而言，可以歸納出 5 種方式：結構重組、結構簡化、結構擴張、個別技術升級和部分技術升級。以蘋果手機而言，刪除按鍵系統，屬於結構簡化，配置高畫質鏡頭和眾多軟體附加，屬於結構擴張，以中央處理器技術發展為核心的技術群升級實現了整個系統的技術升級。以上幾點屬於微創新的核心內容，此外一些外觀形狀的改變，或者是定價策略的改變等，儘管有時候也會發揮意想不到的作用，但是這些都屬於外圍的創新。

2. 由 ATM 發展而來的 VTM 機 —— 模仿但增強功能

案例：由 ATM 發展而來的 VTM 機

提起 ATM，我們都知道這是用來存錢、取錢的自動櫃員機。而提起從 ATM 發展而來的 VTM，很多人卻都會感到陌生。

VTM（Video Teller Machine），即虛擬櫃員機，又稱遠程櫃員機、視訊櫃員機等。作為 ATM 功能的延伸，VTM 不僅能夠查詢、存錢、提款和轉帳，而且還能夠進行發卡、銷戶、掛失、存款證明開具等傳統的銀行櫃臺業務。同時，透過 VTM 上的視訊會議系統，用戶能夠和銀行客服人員進行對話溝通。銀行客服人員也能藉此對用戶的身分進行判定，並為用戶提供貼身一對一的可視化服務。

案例分析：

VTM 機創新實際上是透過對 ATM 機功能的模仿和增強來實現的。VTM 體現了微創新中針對原有模型的局部改進和功能拓展。可視化的視訊會議系統，使得原來 ATM 機查、存、取、轉功能得到更加有效的實

現，同時發卡、銷戶、掛失、開具證明等功能的增加，是透過微創新模式實現產品升級的典型體現。

任何技術的進步，都是在無數的累積中發展起來的，每一個新技術、新事物的出現，都不是憑空而來，它們都是在無數個微創新中得到進化，從 ATM 到 VTM 是如此，其他眾多例子也是如此，例如，從 CD 到 VCD 再到 DVD，又例如從 GSM 到 CDMA 到 TD-SCDMA，都經歷著一個逐步發展的過程，這個過程一般來說是不可或缺的。

透過增強功能實現微創新，是微創新的重要途徑，但是在具體操作過程中，有一些重點問題是需要注意的。

增強產品功能，要有一個根本的落腳點，那就是以更好地服務既定客戶為目的。例如案例中的 VTM 機，它的功能拓展，朝向於承擔銀行人員的產業職責，那就還屬於微創新的範疇，但是如果它增加的是一些完全不相關的產品功能，例如悠遊卡充值、報刊售賣等，那就進入組合創新的領域了。

增強產品功能，需要考慮功能開發的成本與產出因素，進行大規模的產品技術研發，不是微創新所要側重的內容。微創新講究的是充分整合和發揮現有的技術水準，以相對較低的成本實現既定目標。

增強產品功能，既包括量的擴展，也包括質的提升，兩者無所謂孰輕孰重，具體的設計方案取決於現實的資金條件和技術條件。

三　組合

　　如果說類比模仿是最簡單的創新方法的話，那麼組合也複雜不到那裡去，或者說，它甚至比前者更加沒有技術壁壘，而且它適用範圍更為廣闊，離我們的生活更為貼近。

　　透過組合進行創新，在我們的世界裡隨處可見，例如就拿一個「電」字來說，它跟水壺組合，變成電熱壺，它跟單車組合，變成電動單車，它跟刮鬍刀組合，變成電動刮鬍刀……它甚至跟椅子組合，變成電椅……

　　再如：

▶ 筆＋測電流＝電筆

▶ 筆＋電筒＝手電筒筆

▶ 商店＋網路＝網路商店

▶ 手機＋眼鏡＝智慧眼鏡

▶ 手機＋耳機＝智慧耳機

　　再如：一位小學生發明的多功能太陽傘，其創新方法為：陽傘＋太陽能充電＋小電風扇＋手機充電

　　再如：自行嬰兒車的創新原理就很簡單：自行車＋嬰兒車

　　組合的方法非常多，包括材料組合、功能組合、技術組合、資訊組合、元件組合等等。

　　再多的舉例已然不必，相信讀者已經完全理解組合創新的普遍性。但是，傳統的組合創新已經讓人們提不起太多的興趣，我們所希望的，

是能夠接觸到最尖端的創新模式，甚至是一些尚未能實現的設想。

1.Google 眼鏡組合的要素

案例：Google 眼鏡組合的要素

Google 眼鏡（Google Project Glass）是由 Google 公司於 2012 年 4 月發布的一款「延展實境」眼鏡，它具有和智慧型手機一樣的功能，可以透過聲音控制拍照、視訊通話和辨明方向，以及上網、處理文字訊息和電子郵件等。

這款眼鏡集智慧型手機、GPS、相機於一身，在用戶眼前展現實時資訊，只要眨眨眼就能完成拍照上傳、收發簡訊、查詢天氣路況等操作。用戶無需動手便可上網或者處理文字訊息和電子郵件。同時，戴上這款「延展實境」眼鏡，用戶可以用自己的聲音控制拍照、視訊通話和辨明方向。兼容性上，Google Glass 可和任一款支持藍牙的智慧型手機同步。

案例分析：

整個 Google 眼鏡設計本身，並不存在太大的技術瓶頸，其最主要的創新方法就是組合：眼鏡＋智慧型手機＋聲控拍照＋視訊通話＋辨明方向＋上網＋處理文字訊息＋電子郵件＋搜尋歌曲＋收聽高品質音樂。其所採用的技術，大多數都是已經成熟應用於我們生活中的，例如智慧型手機，gps 和攝影，這些功能已經在我們日常生活中發揮了重要的作用，Google 眼鏡就是把這些功能組合在一起，然後它們配備了一個更加容易攜帶的載體 —— 眼鏡，這樣的組合優勢多多，它借用已經被人們認同的各項技術，避免了產品的市場風險，它選取眼鏡作為載體，讓人們對技術的使用更加方便。組合，在 Google 眼鏡這裡，體現了化平常為神奇的功效。

　　按組成形式分類，組合創新有三種類型：要素之間組合、要素與系統組合、系統與系統組合。這三種組合類型一般來說只有量的區別，但是在一定條件下，量變也會引起質變。大量來自不同系統的要素集中在一起，就有可能產生與原來系統截然不同的新事物，如在古代的圖騰崇拜中，人們用鹿的角、蛇的身、鷹的爪子等元素構建出一個全新的事物 ── 龍。但一般情況下，組合創新的成品和原型不會有明顯的本質的區別，如 Google 眼鏡，儘管它與多種要素甚至系統相互組合，但毋庸置疑，它依然還是一副眼鏡，只不過功能有所擴展而已。

　　組合創新的具體形式有以下幾種：

　　自由組合。自由組合只有在激發創新靈感時使用才能發揮作用。因為自由組合的效率是相對較低的，甚至很高機率會形成的無效創新，因此在創新實踐中，自由組合雖有自由之名，卻有呆板之實。如羅列出若干元素：書本、尺、圓規等，任選其中兩項拼湊成新事物，這樣的組合毫無技術性可言，其結果也不會有太大的實際價值。

　　目的性組合。所謂目的性組合，是指為了達到特定的某種或若干種效果而採取的選擇性組合。在目的性組合中，所有元素或者系統都是經過嚴格篩選的，並且其創新結果也會相應地經過預測和論證。例如，案例中的 Google 眼鏡，其各項組合要素都有一個共同的特點，就是頻繁地出現在人們的工作生活娛樂之中，將這些要素組合到一起，就可以形成一個功能系統，將各項功能集中到一個創新事物上面，有效地提高了產品的使用效率，方便了人們的日常生活。

2.未來的手機 ── 可組合要素的選擇

案例：未來的手機

在可以預見的未來，手機有幾個重要的發展傾向，一是與各種穿戴設備或者事物組合到一起，如智慧手錶、智慧眼鏡等；二是手機動力來源多元化，如太陽能手機、人體生物能手機等；三是與檢測系統尤其是人體健康檢測組合到一起，如在手機中安裝各類健康檢測軟體和手機防盜。總之，手機在人類生活中扮演著越來越重要的角色，隨著組合創新的推進，手機附帶的功能也越來越豐富，越來越強大。

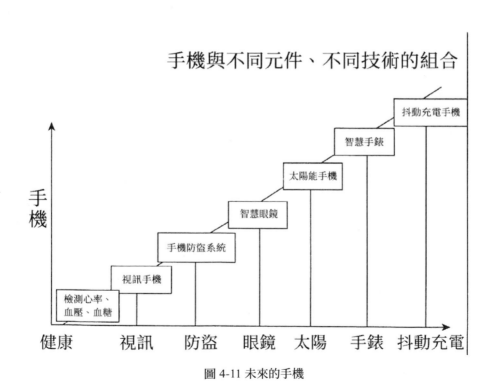

圖 4-11 未來的手機

案例分析：

　　在「未來手機」的組合創新中，實際上其創新方法就是拿手機與各種各樣的要素進行組合，如手機與手錶、穿戴設備、太陽能、生物能動力來源、醫療檢測、安全檢測等不同要素進行組合，均可得出不同的創新成果。當然，這些組合的要素必須是成熟的技術或產品。

　　例如手錶，其實就是我們最常用的佩戴之物；例如太陽能技術和生物能技術，都已經得到一定的技術支持，而不是空中樓閣的東西。如果把一些不切實際的構想當成組合創新的元素，那麼其成功實現的機率會無限降低，創新終究是要為實踐服務的，無法生產出現實生產力的創意，無論其外表看起來多麼的宏偉壯觀，也只能是鏡中花水中月而已。

　　我們可以知道，組合創新的重點，在於組合元素的選擇與優化配置，還有組合元素的內部重組和外部延伸。透過對組合元素的處理，可以創造出新的結構系統和應用領域，衍生出我們所需要的創新產物。

　　有人說，最簡單的創新模式，才是最有效的創新模式，組合創新恰好是這句話最完美的詮釋。隨著創新理念在人們頭腦中的深化，組合創新也將會在發明創造、方案設計、模式改良等方面發揮越來越大的作用。此外，組合創新也可以作為資源整合的一種思路，以最低的成本創造出最大的價值。

四　列舉

　　列舉，是繼模仿類比和組合創新之後又一常見的創新手法，對於事物要如何進行創新，憑空想像可能會一籌莫展，這個時候我們就需要一些線索，需要一些靈感的觸發點，如何找到這些線索和觸發點，列舉法便是要完成這一使命。

1. 各種各樣的列舉法

　　列舉法的種類很多，內容也非常繁雜，為了方便讀者閱讀，我們製作了一個表格，將主要的內容收錄在其中。

表 4-2 各種列舉法

種類	步驟
屬性列舉法	列出事物的屬性，然後針對每一項屬性提出可能改進的方法，或改變某些特質（如大小、形狀、顏色等），使產品產生新的用途
希望點列舉法	先決定主題，然後列舉主題的希望點，再根據選出的希望點來考慮實現方法
優點列舉法	決定主題 列舉主題的優點 選出所列舉的優點 根據選出的優點來考慮如何讓優點擴大
缺點列舉法	先決定主題，然後列舉主題的缺點，再根據列出的缺點來考慮改善方法

　　從圖表中可以看到，列舉法大致可分為屬性、希望點、優點、缺點

幾個方面的列舉，透過將這些要點羅列出來比較思考，從中可以找到創新的入手點和發展線索。

　　一般來說，我們使用得最多的是缺點列舉法，很多的創新都是針對某些具體的問題而產生的。而優點列舉法則使用得比較少，很多人都覺得既然已經是優點了，再進一步改善可能就比較難了。但實際上，在現代競爭尤其激烈的社會，沒有最優，只有更優，反倒是將產品的優點不斷擴大，才能更好地掌握競爭優勢。

2. 屬性列舉法：新型茶壺的構思

　　案例：新式茶壺的構思

　　首先，我們對茶壺的屬性進行列舉。

　　名詞屬性：

　　整體：水壺

　　局部：壺嘴、壺底、壺把、壺蓋、蒸汽孔

　　材料：陶瓷、鐵質、銅質、鋁質、塑膠

　　製作方法：焊接、澆鑄、沖壓

　　形容詞屬性：

　　性質：輕、重

　　狀態：美觀、清潔、高低、大小

　　顏色：紅、橙、黃、綠、青、藍、紫等

　　形狀：圓形、錐形

　　動詞屬性：

　　功能：澆水、倒水、裝水、保溫

　　然後進行設問：如問壺嘴能否改變？壺底能否改用隔熱材質？材質能否改成環保材質？顏色能否改用綠色？形狀能否改成卡通型？功能能否增加製冷？能否增加……

　　接著進行試驗改進。

　　創新思路：

1. 用不鏽鋼材料，改進製造工藝，提高生產率

2. 改變用途，生產製冷茶壺，夏天用於製作冷飲

3. 改變外形，使用卡通外形，改變顏色，使用紅色、黃色、綠色等

4. 壺底、壺身分開做，加強壺底，增加使用壽命，用超聲波焊接工藝等

案例分析：

　　對新式茶壺使用屬性列舉法進行創新，其步驟以下：確定研究對象 —— 找出名詞、形容詞、動詞屬性 —— 對屬性進行改造 —— 提出新設想。在列舉的過程中，列舉得越詳細，創新的思路也就越開闊，但是在提出創新設想的時候，也要考慮現實條件，從實際出發，量力而行。

　　屬性列舉法在操作步驟上是相對比較簡單的，但是從實踐反饋回來的情況來看，往往卻有事半功倍的效果。這種方法學習起來上手容易，但是也會存在易學難精的問題。

　　一是要列舉要創新事物的屬性。可以選擇從名詞、形容詞、動詞的詞彙分類角度著手，這只是一種常用方法，但並非唯一方法。一樣事物，哪怕是很簡單的一樣事物，其屬性都是種類繁多的，並且不同的劃分方式，得出來結果也有可能會有很大區別。就拿茶壺來講，我們還可以從其他方面進行分類，例如時間：過去、現在、未來；國別：中式、歐式、美式等，但是這些分類在使用上明顯不如詞彙角度來得明確和簡便。所以屬

性分類的角度選擇，對屬性列舉法的使用具有很重要的影響。

二是要大膽設問。要針對所列舉出來的屬性進行一一設問，每一個問題都要好好思考，是否可以改變？在創新領域，我們鼓勵大膽地假設，但是也要注意設想的可行性問題。

三是要小心求證，試驗改進。正如胡適先生所提倡的那樣：大膽地設想，小心地求證。否則就會導致設想中看不中用，最終不了了之。創新設想的提出，既要有創新的構思，也要有現實的考量，兩者之間需要一個平衡點，而這個平衡點，往往也是個難點。

3. 缺點列舉法：Nike 自動繫鞋帶運動鞋

缺點列舉法，就是針對事物的各種不足進行一一列舉，然後針對其中某一項或者若干項進行改進。

案例：Nike 自動繫鞋帶

繫鞋帶，從我們孩提時代開始就是一件比較麻煩的事情，人類在穿著上有著各種各樣的創新，但是對於這麼一件看起來很小很簡單的事情，卻一直沒有得到很好的解決。如果說目前我們的鞋子還存在著什麼缺點的話，那麼鞋帶的綁繫，要作為一個重點羅列出來。

針對這一個問題，作為運動鞋領域的領頭企業，Nike 做出了設計的嘗試。現在 Nike 已正式對「自動繫鞋帶系統」這一項功能提出了技術專利，一個全新的自動鞋帶系統將運用到真實的鞋子當中。該系統提供手動調節的開關按鈕，你可以根據腿型自動扣緊和鬆開鞋帶，當然一定會包括一個自動檢測腳踝並且調整鞋後跟的感應器，當感應到壓力的施加之後，鞋子後方的「小馬達」就會及時啟動，將鞋帶自動繫緊，十分方便，整個過程的實現全權由鞋底內置的嵌入式晶片控制。

案例分析：

　　用缺點列舉法來改進鞋子的使用問題，其步驟以下：首先，確定要改進的對象：鞋子。其次，對鞋子的各種缺點進行羅列：夏天容易發臭、鞋底容易磨損、鞋面黏合不牢、不能防水、容易變形、使用壽命較短、鞋帶容易脫落……第三，對各項缺點進行評估，主要是針對各項缺點的市場解決情況進行調查和評價，例如，鞋子發臭問題，現在已經開發出比較成熟的防臭技術；比如說說鞋面黏合問題，市場上已經存在高黏合性的材料可以解決這個問題……透過逐個排除，減少選項。同時，評估的標準還包括自身的技術狀況能夠製成產品改良，例如鞋子有一項缺陷在於無法抵禦地心引力，從而減少胖子行走的負擔，如果這項缺點能夠克服，那必定是很有創意的，但是所需要的產品研發成本可能太大，而且市場未必會有足夠的需求，所以這個選項也是要排除掉的。第四，就是針對剩下的缺點提出創新方案，Nike 就是將其他的鞋子缺陷排除之後，把鞋帶脫落問題作為創新目標，最終研發出自動繫鞋帶的新式鞋子。

　　從以上分析可以看到，缺點列舉法的步驟大概可以分為 4 步：確定改進對象 —— 列舉目標缺點 —— 進行缺講評估 —— 提出創新方案。

　　列舉目標缺點，是一個考驗專業經驗和觀察能力的過程，因為內行人一般會比門外漢更加清楚目標產品的缺點，當然，也不排除會有旁觀者清的情況出現，因此在這一環節，廣泛的諮商和調查是必須執行的內容，包括產業從業者、客戶消費者，乃至於與產業無關的其他人，都是可以諮商的對象。列舉缺點的時候，使用加法原則，盡可能把更多的問題反映出來。

　　缺點評估環節，需要對相關產業的市場發展情況和本企業或個人的實際條件進行準確的認知和評價。這一環節需要重點考慮的兩大因素是

市場因素和技術因素，沒有市場需求的產品，開發出來只能虧本，沒有技術支持，再好的設想最後只能落空。因此，在缺點評估的時候，強調減法原則，盡可能將創新的外部壓力降到最低。

4. 希望點列舉法：「老人跌倒險」的提出

案例：老年人意外傷害保險的出現

近年來，不斷傳出有人因幫助跌倒老人而被訛詐的事件，這些負面的新聞對社會造成了很嚴重的道德危機。面對這樣的問題，有人希望可以透過一定的方法予以解決，一方面可以對老年人的安全給予保護，免除其意外摔倒而造成醫療負擔，從而從需求上減少訛詐他人的機率；另一方面，也免除助人者的後顧之憂，從而更好地弘揚助人為樂的傳統美德。

基於這樣的意願，亞洲某城市推出「老年人意外傷害保險」，在該市生活的 300 萬老年人，無論是不是設籍，均可投保。主要針對在該市生活或工作的 50 歲至 59 歲的退休人員、60 歲以上老年人，為老年人在各類活動場所發生意外傷害時提供保障，只要在意外傷害險的理賠範圍內，無論是否有第三方責任人，保險均將予以賠償，不受第三方影響。這意味著，如果老人是被人撞到而受傷，除了可以獲得保險公司賠付，還可以向過錯方依法索賠。

案例分析：

作為一種創新來看，老人跌倒險的提出，體現了人們從既定的希望點出發，進行問題解決的思路。該案例中的希望點主要有 3 個：針對老人，希望安全醫療得到保障；針對他人可以減少被訛詐的機率；針對社會，可以消除一些負面情緒，促進道德建設。當然，其實還有一個要素，那就是對保險公司來講，也可能會增加一個具有盈利價值的險種。

希望點列舉法的一般步驟：明確對象 —— 尋找切入角度 —— 列舉希望點 —— 篩選希望點 —— 提出創新落實方案。在前面的案例中，對跌倒老人的幫助問題，是一個需要明確解決的對象任務，選擇老人、幫助者、企業、社會 4 個主體的利益進行切入，分別提出希望點，然後綜合各方面的希望進行篩選取捨，提出創新的落實方案。

希望點列舉法的精要之處，不在於對所有人的希望都作出滿足，事實上，所謂眾口難調，很難會有一種方案可以讓所有希望點都得到滿足。希望點列舉法的使用，主要意義體現在兩個方面：

其一，透過對希望點的羅列，可以全面反映與目標事物相關的利益鏈，從而兼顧平衡各方利益，最大限度取得一個平衡點。

其二，區別於傳統的方法，希望點列舉法最後提出的解決方案必須具有創新性，也就是以往尚未出現過的解決方案。儘管我們並不排斥借鑑別人先進經驗的一些元素，但是絕不主張全盤套用，如果僅僅是拾人牙慧，老調重彈，那麼就體現不出創新方法使用的價值。希望點列舉法之所以能做到創新，是因為它可以直接針對利益做出整體的、全面的考量，而這一效果，也是其他傳統方法難以達到的。

第 5 章
從生活周遭發現創新密碼（下）

文王在上，於昭於天。周雖舊邦，其命維新。

——《詩經·大雅·文王》

一　求異，與眾不同

求異，簡單來說，就是要跟別人不一樣。有人說，第一個懂得給所愛的人送花的人是天才，第二個跟著這樣做的人便是庸才。同樣是表達愛意，如果能在表達方式上做出某些另類的嘗試，獲得芳心的機率會大大上升。例如，在一些大學裡面，有學生用宿舍燈光營造出「I LOVE YOU」的詞彙，或者用燭光拼寫出「我愛你」的字眼，相比之下，那些送玫瑰花之舉，就顯得很沒有新意了。

求異是現代社會裡面可以幫助人快速脫穎而出的創新方式。它的實現模式是多種多樣的 —— 只有你想不到，沒有做不到。如法拉利姐、如花等，都可以顛覆人們的審美傳統，開啟新式「審美」時代。

當然，我們主張的求異，不是那種靠譁眾取寵而造就的求異，而是充分運用個人的創造力、想像力和知識來獲取成功的求異。

1. 做別人做不到的

求異最直接的方法，就是運用自身特有的技術、優勢、資源進行創造，做別人做不到的事情。

案例：能預防疾病的背心

以色列醫療健康創業公司是一家醫療技術企業，一方面它掌握了大量醫學理論知識人才，同時在相關領域也有著為數眾多的技術人才，利用其自身優勢，這家企業開發出新產品。

新產品是一種智慧型背心，背心中內置了心電圖傳感器（ECG），

它具備 3 至 15 道心電圖機的功能。通常情況下，病人只有在接受 12 道心電圖機的檢查後，醫生才能正式確定病人是否患有心臟病。而從病人匯報病情到接受檢查，往往需要花上不少時間。如果病人穿上這種智慧型背心，心臟科醫生就能接收到背心即時發送的心電圖數據。如此一來，醫生就能即時、準確地了解病人的情況，以便快速給出治療方案。

如此神奇的背心還能用洗衣機洗烘乾，該背心內置了一個電子零件，可存儲長達 70 個小時的數據或將數據以無線訊號傳輸到智慧型手機中。當然，用戶在對這種背心進行洗滌之前，首先需將該電子零件取出。背心至少可以洗滌 50 次而不損壞。

案例分析：

以色列醫療健康創業公司之所以能研發出別人難以創造的產品，得益於兩方面的客觀條件：其一，區別於一般醫院，它具有產品研發功能；其二，區別於一般企業，它具有醫療專業技術。它的獨特優勢，在於其處於產業交叉領域，這可以消除絕大多數競爭對手。然後，在主觀條件方面，它具有產品創新的意識，主動地尋找市場，開發市場，從而占領市場。同時，它具有良好的企業執行力，它將產品的構思切實地進行技術突破、市場投放，從而將想法變成現實。

以色列醫療健康創業公司的種種優勢條件，其他企業未必就完全不具備，但是一項產品的成功與否，不在於具體的某一個條件，而在於是否擁有整個條件體系，這也是這家公司做到別人做不到的事情的根本原因。

要設想出與眾不同的產品，或許並不太難，因為人們不著邊際的各種想法其實也並不少見，但是要把一些創意實現，那麼就需要現實的條

件，尤其是自身已有的資源條件。以色列健康醫療創業公司，在其自己
專長的領域利用自身人力和技術優勢，把智慧型背心研發出來，既是大
膽的思維創新、技術創新，同時也是一種務實態度的體現。或許對於利
用身邊的小玩意兒，例如手機、手錶，甚至眼鏡、首飾等增加健康監測
系統，研發類似產品，很多人都有過這樣的想法，但關鍵在於，絕大多
數人沒有把自己想法實現的條件，所以，想法也只能永遠停留於想法。

　　如何做別人做不到的事？從案例中我們可以知道，總體來說，是將
自身優勢充分發揮出來，形成完整的條件體系和核心競爭力。創新引領
模式的具體操作，可以透過以下內容執行。

　　尋找、開發市場藍海，合理選擇產業交叉點。一些人認為，現在的
社會已經高度發達，能夠賺錢的方式都已經開發殆盡了。這種想法是無
比錯誤的。恰恰相反，社會越發達，意味著機會其實越多，因為社會條
件的越發成熟，其實是為新的經濟模式的產生創造條件，尤其是一些產
業交叉領域，正在不斷催生出新的發展沃土。另外，很多傳統產業也存
在燈下黑的現象，這些產業只要進行小範圍的微創新，就可以重新爆發
出巨大的市場活力。

　　強化創新意識，訓練創新執行力，將創新體系化。從思想到行動，
每一步都進行細緻化的創新管理，是企業競爭最好的取勝之道。

　　此外，我們要注意到的一種現象是，往往很多掌握了資源壟斷條件
的個人或者企業，他們都缺乏創新的興致，因為資源本身的排他性已經
為他們爭取了一定的生存空間，所以進一步利用現有資源去創造新事
物、革新技術，是他們懶得去做的事情，於是便造成一種很無奈的社會
現實，有條件的人不想創新，想創新的人沒條件，這樣一來，整個社會
的創新度便被侷限住。

面對這樣的現實狀況，我們可以做的是：一方面充分去發現自身的資源優勢，哪怕只有一點點，它都可以成為創新的觸發點；另一方面，也要盡可能地學會借助別人的資源，透過資源整合，借雞下蛋，一樣也可以激發出有價值的創新設想，並將其付諸實現。

2. 以荒唐想法為跳板的創新

在創新的詞典裡，沒有「荒唐」兩個字。

在大多數情況下，創新並不主張毫無根據的幻想，但不可否認的是，很多當時看起來很荒謬的想法，日後都在人們無窮的智慧中變成現實。一些荒唐的想法，儘管可能在短時間內無法得以實現。但其提供的思路和方向，對於創新有著不容忽視的意義。

案例：把人列印出來

說起列印，絕大多數人能聯想到的就是紙質文件的列印，但是當前興起的一門叫作 3D 列印的技術，卻把可以列印的範圍擴展到一個難以想像的地步。

3D 列印，即快速成型技術的一種，它是一種以數位模型文件為基礎，運用粉末狀金屬或塑膠等可黏合材料，透過逐層列印的方式來構造物體的技術。

3D 列印通常是採用數位技術列印機來實現的。常在模具製造、工業設計等領域被用於製造模型，後逐漸用於一些產品的直接製造，已經有使用這種技術列印而成的零組件。該技術在珠寶、鞋類、工業設計、建築、工程和施工（AEC）、汽車、航太、牙科和醫療產業、教育、地理資訊系統、土木工程、槍支以及其他領域都有所應用。

在 3D 技術的最近發展應用中，有人破天荒地想到要利用該技術把人

給列印出來，並且已經進入技術研發階段，在可以預見的未來人體器官或身體部位都能利用 3D 人體細胞列印方式加以重建再造，對於身體有缺陷或急需換器官的病人來說是一大福音。

> **案例分析：**
>
> 　　從現有的技術手段出發，對技術未來的應用範圍做出大膽的預測，從而往相應的方向去嘗試和實踐，這就是求異創新的一種有效路徑。3D 列印技術是目前世界範圍內眾多國家都在努力參與研發的技術制高點，對於該技術的使用，將會達到什麼樣的層次，這也需要人們充分發揮想像力，甚至某種程度上，未來技術的高度，就取決於當下技術預測的廣度和深度。

　　在求異創新中，有很多的案例都是用現有的道德規範和知識邏輯所不能預知的。一方面，技術在發展；另一方面，社會倫理也在隨著技術變遷而相應地進行調整。誠然，任何技術的發展，都不可能完全脫離社會秩序而存在，或許利用技術手段完全將一個整體的人「列印」出來，是無法被社會接受的。但是，如果只是某些人體組織的創造，並且用在健康醫療上面，那麼荒唐的創造也會變成人類福音。

　　歷史上，以荒唐想法為跳板導致的創新不勝枚舉，例如，人們幻想能在天空飛翔，於是造出了飛機；幻想在水底遨遊，於是造出了潛艇；幻想能日行千里，於是造出了汽車；幻想能力撥千斤，於是造出了機械等。在當前我們習以為常的事情，其實曾經在人們眼中無比荒唐過，同樣，現在我們看來很荒唐的事情，未來很有可能就是一種大家認為理所當然的常態。

　　有一幫人挖蓮藕，有人放了一個響屁，旁邊人說「你要是放屁把蓮

藕震出來就好了。」另一個人想：「是啊，我可以啊！」於是想透過吹風的方法來將蓮藕吹出來，後來再進一步變成用高壓水槍將蓮藕吹出來，方法省時省力，比人工挖藕高效得多。有一戶人家，家裡很貧窮，家裡婦人一邊哭，一邊跟丈夫抱怨，丈夫怒罵道：「什麼都不會，一天到晚就知道哭，哭能變出錢來嗎？」婦人想，是啊，哭能不能變出錢來呢？後來她變成了職業孝女白琴，專門幫家裡有人去世的人家哭喪，賺的錢比丈夫要多得多。

　　以上兩個小故事告訴我們，日常的生活中，一些轉瞬即逝的荒唐想法，如果掌握得好，一樣可以成為通往創新之路的跳板。

3. 轉換視角

　　宋代詩人蘇軾在〈題西林壁〉中是這樣寫的。

橫看成嶺側成峰，遠近高低各不同。
不識廬山真面目，只緣身在此山中。

　　這首詩從創新學的角度來講，正好給了我們關於視角轉換方面的啟示。在求異創新中，轉換視角往往會收到奇效。因為事物往往有兩面性，用辯證的方法去看待，會出現不一樣的結果。很多情況下，人們會因為各種思維的陷阱而無法對事物正確地進行分析和認知。在上一章裡面，我們已經詳細介紹過相關的內容。在這一部分，我們對求異的討論，將不再侷限於思維，而更加側重於行為的分析。

　　思維決定行為，一個人、一家企業能走多遠，在於這個人、這家企業能看多遠。從一個角度看，可能眼則是一片迷霧，換一個角度，說不定就能在迷霧中看到一抹亮光。

轉換視角，就是透過一定的邏輯關係轉變思路，從而衍生出新觀念、新方法。具體說來，當面對一些問題，我們按照一般的方法難以有效解決，那麼我們就對問題本身或者解決辦法進行其他角度的定義和判斷，從而找到創新的突破口。如表 5-1 所示。

表 5-1 轉換視角的著名案例

一般難題	轉換思路	轉換方法
司馬光救人	司馬光砸缸	對象轉換
曹沖秤象	曹沖秤石	目的轉換
朽木不可雕	工匠無能	主體轉換
喝水止渴	望梅止渴	條件轉換
救援趙國	圍攻魏國	方向轉換
烏鴉喝水	石子填瓶	途徑轉換

司馬光在同伴落水時，他原本應考慮如何把人從水缸裡救出來，但是這樣的做法費時費力，而且說不定等他把人救出來，時間已經來不及，所以他把要處理的對象由人變成缸，那麼問題就迎刃而解。

曹沖的難題在於如何把一頭大象的重量秤出來，但是又不能把大象切開，於是他把大象趕到木船上，把木船的吃水刻度記錄下來，然後把大象換成石塊，放上與大象等重的石塊（用吃水刻度來判斷是否等重），然後透過石塊重量來得出大象重量。在這個故事中，原本的目的是要得出大象的重量，但經過角度轉換之後，變成了得出石頭的重量，解決方法自然要簡單得多。

古語云，朽木不可雕也，難道這只是木頭的問題嗎？換個主體看看，如果換個能巧工匠，說不定就能化腐朽為神奇。同樣的，很多老師抱怨學生無心向學，求學興趣淡薄，但換個角度想想，解決這個問題，

是否可以從教師的教學方式著手呢？讓眾多學生逐個改變學習態度很難，但是只要一個老師改變教學方法卻簡單得多。

在望梅止渴的典故中，曹操針對止渴這一目的，顛覆了喝水止渴這一常識，利用心理學的知識緩解了士兵的口渴，改變了止渴這一任務的實現條件。在圍魏救趙的典故中，齊國的目的是救援趙國，卻並不出兵前往趙國首都邯鄲，而是趁魏國後方空虛，攻打魏國的襄陵，迫使魏國軍隊回援，從而解了邯鄲之圍。解決問題的方向從待救方變成了攻打方，透過方向轉換實現策略目的。在烏鴉喝水的寓言中，烏鴉無法把頭伸到瓶子裡面去，於是透過往瓶中投石，促使水位上升，從而達到喝水的目的，實現了由伸頭入瓶到水漲供飲的途徑轉換。

4. 把直接改為間接

在一些人看來，求異創新似乎很難，似乎離自己很遙遠，其實不然，有時候，要創新，你所需要做的，只是將事務運作方式稍微改動一下而已。例如將直接改為間接 —— 簡單的調整，可能給你帶來的效果就會完全不一樣。

案例：巧妙搬遷的大英圖書館

大英圖書館舊館年久失修，換個地方新建一個圖書館，新館建成後，要把舊館裡的書搬到新址去。這本來是一個搬家公司的工作，沒什麼好策劃的，把書裝上車，載走，擺放到新館即可。

問題是預算需要 350 萬英鎊，圖書館沒有這麼多錢。眼看著雨季就到了，不馬上搬家，損失就大了。怎麼辦？館長想了很多方案，但一籌莫展。

正當館長苦惱的時候，一個館員問館長苦惱什麼？館長把情況和這

個館員介紹了一下。幾天之後，館員找到館長，告訴館長他有一個解決方案，不過仍然需要 150 萬英鎊。館長十分高興，因為金額在圖書館的預算內。

「快說出來！」館長很著急。

館員說：「好主意也是商品，我有一個條件。」

「什麼條件？」館長更著急了。

「如果把 150 萬英鎊全花盡了，那就當成我貢獻給圖書館；如果有剩餘，圖書館把剩餘的錢給我。」

「那有什麼問題？150 萬英鎊我都同意了，150 萬英鎊以內剩餘的錢給你，我馬上就能做主！」館長很堅定地說。

「那我們簽訂個合約？」館員意識到發財的機會來了。

合約簽訂了，不久實施了館員的新搬家方案。花 150 萬英鎊？連零頭都沒用完，就完成圖書館搬家了。

原來，圖書館在報紙上發出了一條驚人的消息：「從即日起，大英圖書館免費、無限量向市民借閱圖書，條件是從舊館借出，還到新館去⋯⋯」

結果，館員發財了⋯⋯

案例分析：

在這一個例子中，直接的搬遷方式就是雇搬運公司把書從舊館搬到新館，而間接的搬遷方式就是利用搬家公司以外的人群 —— 讀者來轉移書籍，直接與間接兩種方式對比，顯然間接方式更為廉價，因為後者無需支付任何搬運費用。由此可見，有時候做事方式稍微轉變，其效果可能會有明顯區別。

　　求異創新中，將直接改為間接的做法，被廣泛應用於公共管理和企業管理之中。例如，有些工廠為了讓工人加班，並不直接規定工人的加班時間，而是透過提高加班薪資來吸引工人主動加班；有些企業為了提升員工的工作積極性，也並不是直接公布要求，而是降低基本薪資，提升績效薪資，用靈活的薪酬制度來控制員工行為。

　　直接的處理方式，往往因為過於粗暴簡單而讓人難以接受，而間接的方法卻可以巧妙地避開抵抗而同樣受到既定的目標效果。尤其是在當前的市場經濟條件下，提倡市場手段，減少指令性命令，已經成為政府和企業的共識。

二　逆向反轉，勇於嘗試

　　逆向反轉，按照形式劃分，大致可以分為三種類型：反向法、返正法和調序法。所謂反向法，是將原本正的事物按照相反的方向來操作；所謂返正法，是將原本反的東西回歸到正的軌道上；所謂調序法，是將具體的操作步驟進行調整，以期達到創新的效果。按照內容劃分，可以分為反向心理和反向行為，以下為逆向反轉分類表。

表 5-2 逆向反轉分類

按形式分類	反向法	化正為反
	返正法	化反為正
	調序法	調整步驟，改變結構
按內容分類	反向心理	
	反向行為	

1. 反向法：依相反的方向操作

　　如果說創新有著特定的路徑，那麼在這條路徑上，你可以正著走，也可以反著走，往前走是一番風景，往後走同樣也別有一番風景。

　　我們一直強調，創新並不複雜，也並不困難，因為創新從來就不會把人困在死胡同裡，找不到出路。

　　案例：飢餓行銷—反其道而行之的銷售策略

　　2012 年 11 月 19 日 11:00，大量年輕人緊張地盯著電腦不斷右鍵刷新，他們的目標只有一個：搶購一臺手機！然而，讓很多人失望的是，

由於網站流量過大，他們遲遲無法下單，並且在 2 分 29 秒之後，網站就提示 10 萬臺預訂產品已經全部售完！眾多客戶只能望著電腦嘆息。

　　一家企業，其生產產品的根本目的，自然是最大限度地將產品銷售出去，千方百計地透過各種宣傳，吸引消費者購買產品，並且搭建各種平臺，讓產品更多更快地售賣到消費者手中，這是絕大多數企業在產品銷售中通行的策略和營運的方向。然而，有一家企業卻反其道而行之，它在挑起顧客的購買欲望之後，卻並不急著馬上盡可能地擴大產能，滿足消費需求，而是透過定量分批投放的形式吊起顧客的胃口。

　　在當前的產品發展理念中，產品個性化、多元化似乎是一種發展的潮流，將客戶細分，將產品種類結構化、層次化，也是眾多商品生產者普遍採信的策略。但是，有一家企業卻反其道而行之，它在一定時期內只生產一個型號的產品，無論顧客是老是少，是男是女，它都不作區分，只讓顧客適應產品，而不是讓產品適應顧客。

　　如此奇葩的企業，相信大家都已經想到它是何方神聖，前面我們已經多次提及它的存在，是的，它就是小米。

案例分析：

　　手機銷售，傳統的做法是不斷拓寬產品銷售管道，採取管道多元化策略，然而小米銷售手機的做法恰好是反其道而行之，它將銷售管道侷限在官網，將管道單一化。產品細分，是現代企業銷售的一個普遍選擇，小米同樣選擇逆流而行，採取產品單一化策略。對企業來說，產品銷售的數量自然是越多越好，但是小米依然還是選擇另闢蹊徑，進行飢餓行銷，嚴格控制產品銷售數量。正是因為這與一般做法正好相反的策略實施，造就了一個與眾不同但是發展迅猛的小米。小米的創新方法，就是我們所要介紹的反向創新法。

手機產業，是一個競爭高度激烈的產業，尤其是在很長時期內，這個產業的市場占有率都被若干超級巨頭所壟斷，眾多的生產商，要麼淪為國際品牌的代工企業，要麼在山寨模仿的狹窄空間裡苦苦求存。按照傳統的市場思維，這個產業紅海一片。但是，小米手機卻在這樣的環境中，透過其反向法創新的行銷手法殺出了一條血路，創造了一個藍海。或許，很多的成功都無法複製，但是小米選擇逆向而行的思路，卻值得我們參考。

反向法的實施，大致可以分為 3 個步驟，如表 5-3 所示。

表 5-3 反向法的實施步驟

步驟	解說
第一步，認知當前的一般模式	如小米的案例中，首先要知道管道多元化與產品細分的普遍做法
第二步，反思當前的一般模式	一般模式能夠為絕大多數企業所採用，自有其合理性和優勢，所以對於這些模式，不能生硬照搬，也不能一概否定，必須要經過一個深刻的反思過程
第三步，構思與一般模式相反的新模式	具體表現在小米的案例中，就是構思管道單一化、產品單一化和飢餓行銷方法的具體落實措施

反向法不僅廣泛使用在現代企業策略選擇中，在歷史上的眾多極為重要的發明創造上，也發揮了重要的作用。例如，在西元 1821 年的時候，英國科學家法拉第（Michael Faraday）發明了電動機。45 年之後，也就是西元 1866 年，德國發明家西門子（Werner Von Siemens）採用反向法，利用相反的科學原理發明了發電機。

同樣的，愛迪生在觀察中發現，聲音高低能引起金屬片相應的振動，反過來，金屬片的振動也可以記錄聲音高低的變化，根據這一原理，愛迪生發明了世界上第一臺留聲機。

2. 返正法：將「反」的東西「正」過來

古代著名軍事家孫子在兵法中描述道：

凡戰者，以正合，以奇勝。故善出奇者，無窮如天地，不竭如江海。終而復始，日月是也。

戰勢不過奇正，奇正之變，不可勝窮也。奇正相生，如循環之無端，孰能窮之哉！

創新，亦如孫子兵法所言，形勢允許，可以選擇反其道而行之，形勢有變，亦可選擇以正破亂，以正擊反。

現在社會裡，存在著太多事物發展的錯位，很多消極的、負面的社會現象已經嚴重偏離了其正常發展的軌道。就拿我們的衣食住行來講，穿的衣服裡面可能摻有黑心棉，吃的小吃可能加了地溝油，住的房子刷的油漆致癌物可能超標，買的車子可能在設計上就存在安全隱患……

案例：麥當勞推出自然生長雞

由於被指責大量採用使用激素催生的「變態雞」作為食材，以麥當勞和肯德基為代表的眾多速食產業備受壓力，很多顧客甚至表示再也不會去吃那些不正常的垃圾食品，麥當勞的企業形象被大打折扣，日常經營也受到了影響。

針對這一困境，麥當勞推出了「自然生長雞」的概念，在每一份餐巾紙上都印刷上其雞肉產品的介紹，並且配以體現綠色自然的圖片。

據麥當勞介紹，其雞肉產品選用的肉雞，堅持 100% 自然成長、不走捷徑。所選肉雞品種來自美國，奉行國際通行成長週期，經過自然充分成長，肉雞的口感和口味達到最佳平衡。精心挑選營養均衡且符合國家標準的飼料。麥當勞依照自然成長期內的不同階段，在飼料中加入氨

基酸、維生素、礦物質以及微量元素等營養物質，而且絕不添加任何促進生長激素，讓肉雞可以自然茁壯成長。而且麥當勞還為肉雞們營造了封閉的環境，讓牠們在與外界隔絕的淨土中自然安全成長，在精心呵護下自然健康成長。

案例分析：

> 　　大量採用激素催生的食材，已經成為某些餐飲商家通行的做法，因為這樣可以節約成本，提高經營利潤。在利益的驅動下，這種做法成為餐飲產業存在的亂象，如何撥亂反正？作為速食產業的領軍企業，麥當勞推出自然生長雞，既是企業誠心的必然要求，也是食品安全的必然選擇。這個工作，麥當勞如果不做，那很可能不僅進一步惡化自身企業形象，也會被其他企業以此為契機，甚至超越。

　　把反的東西正過來，這是目前社會創新的一個重要思路。因為人們對社會各種不正常的畸形事物已經極度厭惡，人們開始追求原生態，追求事物原本應該存在的狀態。很多商家也瞄準了這一契機衍生出來的巨大市場，例如面對各種反季節蔬菜的泛濫，面對各種農藥殘留，不少農產品企業推出了綠色蔬菜概念，面對各種基改食品橫行於市以及人們對其的深切憂慮，一些企業推出了非基改大豆油和非基改稻米。

　　返正法實現創新的案例，在當前社會可謂俯拾皆是，如隨著大數據時代的到來，個人資訊安全問題越來越凸顯。資訊技術的發展，一方面給人們帶來了極大的生活便利，另一方面也存在著個人隱私泄露的風險。在商業利益的驅動下，盡可能地採集潛在客戶的生活數據，從而更精確地發展目標客戶，成為眾多企業趨之若鶩的方向。針對這一現象，有人研發出一行動通訊軟體，正好是與資訊採集反方向的創新，透過資

訊保護技術與模型的發展，防止客戶隱私的外泄，目前該款軟體的用戶已達數百萬。

3. 調序法：顛倒操作程序

所謂的調序法，就是將操作的方法顛倒過來，從而達到創新目的的一種方法。

在日常社會中，類似的例子有很多，例如，各種儲值卡的出現：透過購物商品卡，商場可以讓消費者先付款，後購物；透過手機儲值，行動網路業者可以讓客戶先給錢，後消費。這樣的做法可以幫助產品生產者或銷售者募集一部分生產或營運資金，從而降低成本，有些時候甚至可以把節省下來的成本回饋給消費者，達到共贏的局面。

4. 反向心理：每人心裡都有一個好奇寶寶

反向心理，主要是指運用人們的好奇心理和反抗心理，引發目標窺探的欲望。這種方法在廣告傳媒領域得到廣泛的應用。

案例：荷蘭一家酒店自稱「世界最差」吸引全球遊客

一般的旅館酒店，宣傳的一定是自己優質的服務、良好的入睡環境、舒適的床鋪等，即使他們並沒達到自己標榜的條件。而荷蘭卻有一家經濟型酒店反其道而行，將自己標榜成世界最差的酒店，還在宣傳廣告中將「差」作為賣點，引得顧客紛紛前往圍觀，生意大好。

酒店宣傳中對提供的服務和便利設施極盡自嘲：一間光線昏暗且沒有新鮮空氣的地下室酒吧；一個涼爽的混凝土庭院；一部電梯，幾乎從不在樓層之間發生故障；牆面潦草塗鴉；可以鎖住房間的門等等。

酒店還有一條免責聲明：「入住期間，如不幸發生食物中毒、精神崩

潰、罹患絕症、肢體殘缺、輻射中毒、感染與西元 18 世紀瘟疫相關的某種疾病，本酒店概不負責。」除了價格低廉，酒店主打環保。比如，電梯破舊，客人被指向「環保電梯 —— 樓梯」；不提供熱水被宣傳為旨在「減少用水」；酒店甚至鼓勵客人洗浴後用窗簾擦身，以減少毛巾使用率和清洗次數，目的是「拯救地球」。酒店老闆還出書介紹酒店的髒、亂、差，書名就叫《世界最差旅館》（*The Worst Hotel in the World: The Hans Brinker Budget Hotel, Amsterdam*）。或許正是酒店這種帶有自嘲的幽默，吸引了世界各地的好奇之士前去一探究竟。

事實上，由於酒店「有言在先」，客人們對酒店的誠實感到滿意。酒店經理泰曼・勒瑟弗爾說：「客人們喜歡我們的幽默和嘲諷，然後他們把期望值降到最低。」

案例分析：

案例中的酒店提出「全球最差」的口號，其實也是創新的一種體現，使用的就是反向心理法。一方面，好奇之心，人皆有之，人們習慣於接受各種酒店關於服務優質、環境優雅的宣傳，卻從未見過自我貶低的酒店廣告，因此容易被吸引前往體驗。另一方面，人類心理存在一定的叛逆性，對方越是自毀，人們便越是希望去驗證這種宣傳的真實性。利用消費心理進行創新，正好是反向心理法的要義所在。

不僅在荷蘭，在其他國家，使用反向心理法的案例也不勝枚舉。例如一些網站為了吸引網友點擊，會推出一些「最不值得看的十大高畫質電影」、「最腦殘的電視劇」之類，這類片子本來確實沒有太大的觀賞價值，但是很多網友便是在這樣的標題吸引之下去一探究竟，竟然也大大提高了這些作品的點擊率。又如某些小明星，因為本身名氣不足，而選

擇炒作個人緋聞，從而提高曝光率的做法，儘管為人們所不齒，但客觀地說，也是反向心理法創新的具體運用。

5. 反向行為：讓你跌破眼鏡的創新

反向行為，是指活動主體顛覆自己或者常人的行為方式、行為習慣，而採用一種另類甚至負面的方式來達到預定目的。

反向行為創新，因為本身就具有一定的劍走偏鋒的味道，所以必須要掌握好分寸，尤其作為社會行為，必須遵守社會法律規範，同時也要盡可能兼顧社會倫理與社會道德的要求，否則一味地求醜求怪，反而會偏離創新的本意。

三　檢核表法：縝密的檢核與評估

　　所謂的檢核表法，是根據需要研究的對象之特點列出有關問題，形成檢核表。然後一個一個地來核對討論，從而發掘出解決問題的大量設想。它引導人們根據檢核項目的各個思路來求解問題，從而形成比較周密的思考。

　　亞歷克斯·奧斯本是美國創新技法和創新過程之父。1941 年出版《思考的方法》（*How to "Think Up"*）提出了世界第一個創新發明技法「腦力激盪法」。1952 年出版世界上第一部創新學專著《創造性想像》（*Wake Up Your Mind: 101 Ways to Develop Creativeness*），提出了「奧斯本檢核表法」，此書的銷量 4 億冊，已超過《聖經》（*Bible*）的出版銷量。

　　檢核表法的實質就是透過強制性的問題思考進行創新，其提供了這種強制思考的一般路徑，在實際應用中可以取得良好的效果，實施操作步驟如圖 5-10 所示。

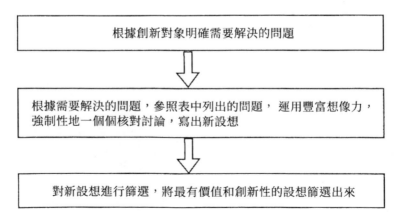

圖 5-10 檢核表法實施步驟

　　需要注意的是，在使用檢核表法的時候，要實際一條一條地進行檢核，不要有遺漏。如果能夠多覆核幾遍，效果會更好，或許會更準確地選擇出所需創新、發明的方面。同時，在檢核每項內容時，要盡可能地發揮自己的想像力和聯想力，產生更多的創造性設想。進行檢索思考時，可以將每大類問題作為一種單獨的創新方法來運用。此外，覆核方式可根據需要，一人覆核也可以，3 至 8 人共同覆核也可以。集體覆核可以互相激勵，產生腦力激盪，更有希望創新。

　　針對奧斯本的九類思考問題，如表 5-4 所示，我們提供了兩個案例，供讀者理解和分析。

表 5-4 奧斯本的九類思考問題

一類	現有的東西（如發明、材料、方法等）有無其他用途？保持原狀不變能否擴大用途？稍加改變，有無別的用途？
二類	能否從別處得到啟發？能否借用別處的經驗或發明？外界有無相似的想法，能否借鑑？過去有無類似的東西，有什麼東西可供模仿？誰的東西可供模仿？現有的發明能否引入其他的創造性設想之中？
三類	現有的東西是否可以做某些改變？改變一下會怎麼樣？可否改變一下形狀、顏色、音響、味道？是否可以改變一下意義、型號、模具、運動形式？……改變之後，效果又將如何？
四類	放大、擴大。現有的東西能否擴大使用範圍？能不能增加一些東西？能否添加部件、拉長時間、增加長度、提高強度、延長使用壽命、提高價值、加快
五類	縮小、省略。縮小一些怎麼樣？現在的東西能否縮小體積、減輕重量、降低高度、壓縮、變薄？……能否省略，能否進一步細分？……
六類	能否替代。可否由別的東西代替，由別人代替？用別的材料、零件代替，用別的方法、工藝代替，用別的能源代替？可否選取其他地點
七類	從調換的角度思考問題。能否更換一下先後順序？可否調換部件？是否可用其他型號，可否改成另一種安排方式？原因與結果能否兌換位置？能否變換一下日程？……更換一下，會怎麼樣？

八類	從相反方向思考問題，透過對比也能成為萌發想像的寶貴源泉，可以啟發人的思路。倒過來會怎麼樣？上下是否可以倒過來？左右、前後是否可以對換位置？禮外可否倒換？正反是否可以倒換？可否用否定代替肯定？……
九類	從綜合的角度分析問題。組合起來怎麼樣？能否裝配成一個系統？能否把目的進行組合？能否將各種想法進行綜合？能否把各種部件進行組合？等等。

第一個案例主要針對整個檢核法問題體系的運用。

案例：牙膏的創新

我們知道，牙膏的主要用途是刷牙，當然還有清潔去汙、美容護齒等功用。要對牙膏進行創新，可運用檢核表法進行以下操作：

第一步：根據創新對象明確要解決的問題 —— 牙膏的用途拓展。

第二步：根據需要解決的問題，參照表中列出的問題，運用豐富想像力，強制性地一個個核對討論，寫出新設想。如表 5-5 所示。

表 5-5 運用檢核表法對牙膏進行創新

保持原狀能否拓展其他用途？（一類）	從清潔牙齒拓展到其他物品的清潔去汙，如案例中的清洗不銹鋼器皿
能否從別處得到啟發？（二類）	透過膏藥殺菌可以聯想到牙膏殺菌
稍作改變之後會怎樣？（三類）	加入適量麵粉可以充當黏合劑
能否延長使用壽命？（四類）	設計雙頭牙膏可使牙膏擠出更充分
縮小、減少會怎樣？（五類）	做成飯店備品一次性小牙膏
能否替代？（六類）	用鹽替代部分牙膏填充物製成雪鹽牙膏
用調換角度思考（七類）	將固態牙膏變成液態，研製漱口水；固態變成氣態，研製噴霧牙膏
從相反的角度思考問題	牙膏可以替代膏藥，那膏藥也可以用作牙膏，可在牙膏中添加藥物製成藥物牙膏
從綜合的角度分析問題	將各類牙膏打包成家庭號牙膏

第三步：對新設想進行篩選，將最有價值和創新性的設想篩選出來。

透過以上的檢核表法使用步驟，我們可以構思出各種各樣的新式牙膏。檢核表法為我們的創新提供了眾多的切入點，為激發創新思路發揮重要作用，對於創新活動的規範化、體系化提供了重要幫助。

第二個案例主要針對九類問題中第二類問題的細化運用。

案例：汽車外形的發展階段

汽車車身形狀的發展主要經歷了馬車形汽車、箱形汽車、甲殼蟲形汽車等幾個階段。汽車外觀的改造可以用以下的步驟進行操作：

第一步：根據創新對象明確要解決的問題：汽車外形的設計改進。

第二步：根據需要解決的問題，參照表中九類問題的第二類細化的問題，運用豐富想像力，強制性地一個個核對討論，寫出新設想。

表 5-6 運用檢核表法對汽車外形進行創新

能否從別處得到啟發	借鑑馬車的造型，創造馬車形汽車
能否借用別處的經驗或發明	運用人體工程學，創造箱形汽車
外界有無相似的想法，能否借鑑	借鑑行船的思路，創造船形汽車
過去有無類似的東西，有什麼東西可供模仿？誰的東西可供模仿？	模仿魚類穿梭，創造魚形汽車
現有的發明能否引入其他的創造性設想之中？	利用流體動力學，引入楔形汽車的創造

第三步：對新設想進行篩選，將最有價值和創新性的設想篩選出來，將新設想付諸實現。

案例分析：

　　從汽車外形的發展歷程來看，其充分體現了奧斯本第二個問題設置的思路。在解決問題時，充分考慮現有的產品可否在別處得到啟發，可否找到模仿的對象等問題。汽車外形的設計，從箱型、甲殼蟲形、船形到楔形，無一例外都是在其他事物中找到靈感，並且借用當時最新技術和經驗，從而逐步解決了空氣阻力與外形美觀問題。

　　奧斯本檢核法羅列的九類問題，為我們生活工作中的創新提供了一個強制性的思路，在實際運用中得到了驗證。讀者們可以自己尋找相對應的範例作為練習訓練，熟悉掌握之後運用於創新實踐當中。

四　和田十二法

和田十二法，又叫「和田創新法則」（和田創新十二法），即指人們在觀察、認識一個事物時，可以考慮是否可以透過簡單的步驟進行逐步改良。和田十二法是學者許立言、張福奎在奧斯本檢核表的基礎上，借用其基本原理，加以創造而提出的一種思維技法。它既是對奧斯本檢核表法的一種繼承，又是一種大膽的創新。比如，其中的「聯一聯」、「定一定」等，就是一種新發展。同時，這些技法更通俗易懂，簡便易行，便於推廣。

表 5-7 和田十二法步驟

第一步	加一加	加高、加厚、加多、組合等
第二步	減一減	減輕、減少、省略等
第三步	擴一擴	放大、擴大、提高功效等
第四步	變一變	變形狀、顏色、氣味、音響、次序等
第五步	改一改	改缺點、改不便、改不足之處
第六步	縮一縮	壓縮、縮小、微型化
第七步	聯一聯	原因和結果有何聯結，把某些東西聯結起來
第八步	學一學	模仿形狀、結構、方法，學習先進
第九步	代一代	用別的材料代替，用別的方法代替
第十步	搬一搬	移作他用或轉移他處
第十一步	反一反	能否顛倒一下
第十二步	定一定	定個界限、標準，能提高工作效率

　　如果逐步按這十二個步驟進行核對和思考，就能從中得到啟發，誘發人們的創造性設想。和田技法，是一種打開人們創造思路、從而獲得創造性設想的「思路提示法」。

1. 蘋果土豪金的創新方法

案例：蘋果土豪金的和田十二法創新

　　2013 年 9 月 20 日，蘋果發布手機產品 iPhone 5S 。在 iPhone5S 上，蘋果打破了多年來 iPhone 只有經典的黑、白兩色的傳統，加入了香檳金色，之後該顏色在網路上被調侃為「土豪金」。之後，「土豪金」一詞又衍生出帶有戲謔傾向的含義，用以形容較為誇張的、以金色為主色調的、帶有炫耀傾向的產品。

表 5-8 用和田十二法說明「香檳金」的創新方案

加一加	電池待機時間由 225 小時增加到 250 小時
減一減	Home 鍵的部位去掉了中間的小方塊
擴一擴	擴大螢幕面積
變一變	改變顏色，改進功能
改一改	邊框採用金屬原色打磨，改掉邊框易掉色的缺點
縮一縮	鏡頭單個像素尺寸縮小
聯一聯	金色象徵富貴，提高品味
學一學	學習飢餓行銷，造成「一機難求」的局面
代一代	指紋識別技術代替傳統防窺探技術
搬一搬	把照相機快捷鍵按鈕移動到手機左側
反一反	與原來黑白色單一化相反，採用多元色彩產品策略
定一定	定位高貴，提高價格

案例分析：

　　和田十二法的使用，首先要明確了創新對象和參照物，對於新一代蘋果手機而言，其參照物便是上一代蘋果手機以及其他同類型的智慧型手機。然後在現有參照物的基礎上進行創新修改。修改的步驟便是按照和田市十二法的各個步驟依次進行，每個步驟可以是一項創新，也可以是多項創新，經過十二個步驟之後，整個新手機便有了一個完整的創新體系。

　　此外，在蘋果香檳金的整個創新體系中，給人最直觀的感覺就是顏色的改變，黑色代表凝重，白色代表高雅，那麼變成金色，則賦予了蘋果手機豪華的感覺。更重要的一點是，金黃的顏色迎合了亞洲人的消費喜好，在良好的產品品質體驗的基礎上，簡單的顏色改變，為蘋果手機取得優秀的銷售業績做出了重要貢獻。同時，定價策略也是蘋果香檳金的一個亮點，透過價格的合理考量，將新款手機與身分地位連繫起來，增加了品牌價值。可見，在和田十二法中，各個步驟所產生的創新元素地位並非完全平等，在均衡每個步驟的完整性之外，也要更加側重塑造產品的亮點。

　　金色版手機不止蘋果一家，鍍金版 HTC One mini 在俄羅斯市場推出，機身背面鍍有 24K 純金，售價為 99,990 俄羅斯盧布（約合當時新臺幣 10 萬元，相當於 4 臺 iPhone5s）。該手機並非 HTC 官方推出的，而是 Gold Genie 的訂製設備。據韓國媒體報導，驚聞蘋果金色版 iPhone 後，三星高層緊急會議，決定推出金色版 Galaxy 手機，韓媒還晒出了一款擁有金色後蓋的 Galaxy 手機。

2. 渣打銀行「現貸派」

　　案例：渣打銀行「現貨派」的創新行銷

　　「現貸派」是由渣打銀行於 2007 年推出的一款「無擔保個人貸款產

品」，在無擔保個人貸款服務上，渣打銀行成為第一個吃「螃蟹」的人。渣打銀行於 2007 年作為第一家涉足無擔保個人貸款業務的銀行，推出「現貸派」產品。「現貸派」已經走過了 7 個年頭，從設立之初到業務體系不斷完善，服務模式不斷優化，其客戶數量與日俱增，以其精準的定位和集約化的服務模式，獲得了眾多貸款客戶的青睞。

　　現貸派的行銷策略，如表 5-9 所示。

表 5-9 用和田十二法說明渣打銀行現貸派的行銷策略

加一加	貸款額度增加（最高增加至 50 萬）
減一減	貸款利息減少（每貸 12 個月減息 1 月）
擴一擴	貸款年限擴展（最長可延至 5 年）
變一變	改變貸款手續繁瑣的缺點
改一改	改變傳統申請不便的缺點，可使用線上申請
縮一縮	縮短放款等待時間（最快壹天放款）
聯一聯	與高品質生活享受消費相捆綁
學一學	學習信用卡模式
代一代	以個人信用紀錄代者財產抵押
搬一搬	把該產品從大城市往更多城市拓展
反一反	貸款年限由固定化變成自由選擇
定一定	定客戶，主要目標白領階層，造就「白領一貸」

案例分析：

　　首先，要明確創新目標：設計一項貸款產品；然後，確定參照物 —— 同類貸款產品或者信用卡消費產品；接著，按照和田十二法的各個步驟逐步思考創新元素並進行檢核論證；最後，形成創新體系，設計創新產品。貸款的門檻高、手續繁瑣、操作繁瑣等是銀行貸款業務擴展的主要制約因素。渣打銀行的現貸派產品，就是透過「加一加」、「減一

減」等一系列的步驟實現產品改良創新，很好地體現了和田十二法的創新
思路。

需要注意的是，和田十二法中的每一個步驟，都需要經過認真的檢
驗、核查與論證，不能流於隨意。例如，「減一減」並不是粗糙地把程
序切除，而是在合理的範圍內對多餘的手續簡化。和田十二法中的「減
法」，不是武斷地「偷工減料」，而是在科學合理的設計框架內，尋求最
優的解決辦法，降低工作成本，提高執行效率。

3. 智慧型門鈴的改良

案例：智慧型門鈴的創新方法

有一個叫 Kiwiboard 的團隊做了一款智慧型門鈴。有人按門鈴就會
觸發 kiwiboard 裡面的程式，自動發郵件到用戶手機，用戶手機收到之後
就可以打開 App，看到門鈴外面監測的影像。安裝這樣一個智慧型門鈴
後，你可以在任何一個網路環境下看到是誰按了你家的門鈴。

智慧型門鈴的性能

1. 手機發送訪客頭像：如果你照片庫中有存檔的話，透過人臉識別直
   接告訴你訪客的名字。哪怕你不在家也可看到訪客的臉！
2. 如果訪客是家人，智慧型門鈴會比對資料庫中的親人頭像資訊，自
   動解鎖，讓你無須起身開門。
3. 如果對方是快遞員，你能透過手機上對應的 App，直接告訴他把貨
   物放下，自己抽空去拿。
4. 如果對方是你不喜歡的人，可以按照事先錄製的語音打發他們走。

智慧型門鈴的最主要創新方法是技術組合方法，這些技術包括門鈴

＋人臉辨識技術＋聲音辨識＋指紋辨識＋瞳孔辨識＋手機＋自動錄音等等，同時，也可以體現和田十二法的創新思路。

步驟以下：

第一步：確定創新對象：設計一個智慧型門鈴。

第二步：確定參考物：傳統門鈴。

第三步：使用和田十二法若干步驟設計創新元素。

表 5-10 用和田十二法設計智慧型門鈴的創新思路

加一加	增加錄影功能
減一減	……
擴一擴	……
變一變	從單純的聲音辨識變成多元化辨識系統
改一改	改進主人不在家時無法應門的缺點
縮一縮	縮短主人反應時間
聯一聯	與手機軟體相聯結
……	……

第四步：形成創新體系，設計創新產品。

案例分析：

這一案例使用和田十二法，最主要的步驟在於「改一改」，現代門鈴的發展越來越智慧化，但是卻還有一個缺陷，就是當主人不在家時，來訪客人的到訪資訊無法及時地傳達，或者當大人都不在家，家裡只有小孩時，如果有陌生人來訪，可能會出現安全問題。針對這一缺點，Kiwiboard 團隊發明的智慧型門鈴，可以藉用門鈴與手機系統的結合，對來訪客人進行遠程識別，增加了家庭成員的安全保障。

　　改一改：是和田十二法裡面的一個重要創新路徑，在很多優秀的企業家選擇創業模式時都得到很好的體現。某一知名企業負責人就是因為善於改變，強調價值創新的勇氣和智慧，率先引進了國外流行了多年的「SOHO」概念（Small Office Home Office），即在家辦公。SOHO 一族從本質上講，不是地域空間的象徵，而是一種思維觀念，一種生活方式的改變。這樣使得他的公司真正做到了「不與競爭者競爭」，進入一片藍海。

　　聯一聯：看看事物之間有什麼聯結。某業者在電梯即將關閉時看到舒淇的海報，聯想到電梯門口安裝電視，造就分眾傳媒，帶來億萬財富；牛奶品牌業者將火箭與牛奶聯結在一起，借勢提升了知名度和牛奶的品質；產品與健康、人性、情感等聯結到一起就更有價值，更受歡迎，比如可口可樂代表歡樂。某礦泉水品牌用純淨水和礦泉水養花試驗讓顧客聯想到久喝純淨水於身體無益，從而提升自己礦泉水地位。珠寶戴在美女模特兒身上讓人聯想到美，鑽石讓人聯想到「永遠」。車展的時候總是配備很多漂亮的車模，吸引顧客買車，彷彿買了車就能得到人。

　　搬一搬：就是移動，轉做他用或是把物品的某一部件搬動一下，產生一種新的物品或者產生一種新的效果。如 32 吋彩色電視在大城市裡沒銷路，向邊遠鄉鎮地區轉一轉，可能又煥發第二春；我們已經淘汰的產品，拿給其他國家，可能人家會拿著當寶貝。

　　如此種種，和田十二法透過十二種簡單的路徑幫助人們快速地打開創新思路，在上面的內容裡，我們介紹了變一變、減一減、改一改、聯一聯、搬一搬等幾種最基本、最常用的方法，讀者可以根據自己的需要，把後面的其他方法作為思考練習，更加全面地掌握和田十二法這種創新方法體系。

第6章
畫出創新

異想天開給生活增如了一分不平凡的色彩,這是每一個青年和善良的人所必需的。

—— 帕烏斯托夫斯基(Konstantin Paustovsky)

圖形化創新工具主要包括:曼陀羅圖法、蓮花圖法、思維導圖法及魚骨圖法。本章內容主要介紹圖形化創新工具的結構、作用以及應用等,更好地拓展我們的思維,發揮我們的想像力、創造力,可以在學習、工作中學以致用。

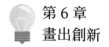

一　曼陀羅思考法

曼陀羅藝術原本起源於佛教，知名的九宮格應用專家金泉浩晃將此法定義為一種深思考，從核心出發，擴散思考範圍後，一一篩選過濾，尤其適合用來作為自我管理的工具，協助規劃未來、制訂自我年度目標計畫。曼陀羅圖法的最終目的是將「知識」轉變為實踐的「智慧」。

曼陀羅圖法以九宮矩陣為基礎，進行發散式或者環繞式等多種方式的擴展。利用曼陀羅思考法，可跳脫平日想不出好構想的直線思考，而將思緒四面八方地拓展，輕易產生成千上百的好靈感。

曼陀羅是古印度語中的梵語。
曼陀羅＝MANDA＋LA
（MANDA表示事物的本質、精髓、妙趣；LA具有成就、所有等意思。）
曼陀羅＝完成擁有本質、精髓的事物
衍生意義：從中心擴展其意義的事物

圖 6-1 曼陀羅的原意

圖 6-2 佛教曼陀羅圖

就其形態來看，曼陀羅圖法共分九個區域，形成能誘發潛能的「魔術方塊」。與以往條列式筆記相比較，可得到更好的視覺效果。一般逐條記錄的筆記製作方法無法使人產生獨特的想法和創意，因為思想唯有在向四面八方發展之時才可能產生創意，根據直線循規蹈矩的思考方式，被稱為「直線式思考」。反之，曼陀羅圖法能在任何一個區域（方格）內寫下任何事項，從四面八方針對主題做審視，乃是一種「視覺式思考」。人類思考必在感覺器官感覺事物之後，方能利用曼陀羅圖形予以系統化，給予有方向感的利用，潛能便可在連續反應下持續被激發。曼陀羅圖形的變形如圖 6-3 和圖 6-4 所示。

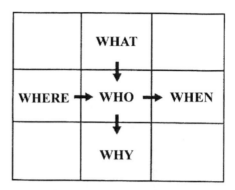

圖 6-3 基本的曼陀羅圖形

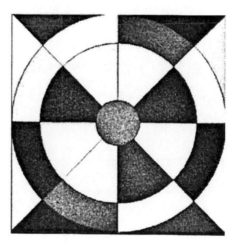

圖 6-4 延伸的曼陀羅圖形

曼陀羅圖法有「四面八方擴展型」和「圍繞型」兩種使用方式。

「四面八方擴展型」（圖 6-5）是一種沒有設限的模式，適合用來收集靈感進行創意思考。只要使用者在九宮格的中間填上想要發揮的主題後，便會自然地想要把其他周圍的 8 個空格填滿，而這種填滿的過程也正是創意發揮的時候。當然也可以用來分析出現問題的原因和解決辦法。

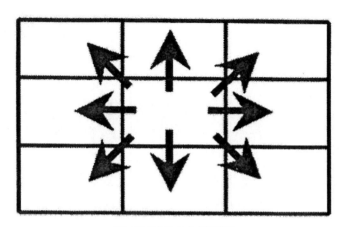

圖 6-5 四面八方擴展型

圍繞型

第二種，想法是有時間順序的，或者是有優先順序的，稱 為「圍繞型」。圍繞型又依照方向，可以有「順時針型」（圖 6-6）、「逆時針型」（圖 6-7）。

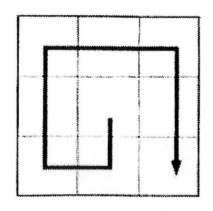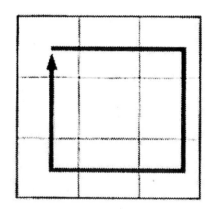

圖 6-6 順時針型

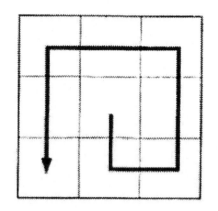 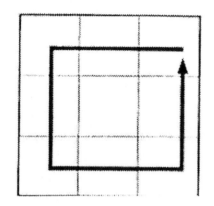

圖 6-7 逆時針型

　　圍繞型的運用比較適合用來作為流程性質的思考與安排，在中心格
上列出主題以後，便可以開始以順時針或者逆時針的方式安排行程。這
樣的形式可以跟「四面八方擴展型」搭配使用，亦即「圍繞型」中的任
何一個空格都可以獨立抽出，然後以「四面八方擴展型」的方法搭配，
加以發揮。

1. 曼陀羅法的創新應用

　　其曼陀羅法可應用於產品設計創新

　　曼陀羅法作為一種創新方法，其首要的使用領域在於對創意的激
發。即便是面對一項平時並不起眼的事物，利用曼陀羅法，都可以簡便
地對其進行發散延伸，觸發出新的事物和模式。

　　案例：使用曼陀羅法進行電話機創新

　　電話機是我們日常使用的重要通訊工具，那麼如何對電話機進行創
新呢？

材料1：使用環保材料，變成紙質電話機	外形：借鑑水果外形變成水果電話	功能1：添加螢幕變成視訊電話
材料2：使用環保材料，變成木質電話	創意中心：電話機	功能2：添加Wi-Fi變成Wi-Fi發射器
材料3：使用新材料，變成陶瓷電話	外形：借鑑卡通形象變成卡通電話	功能3：使用無線電技術或者光電技術變成無線電話或光感電話

圖 6-8

案例分析：

　　對於電話機的創新，案例使用了四面八方擴展型的曼陀羅法，以電話機為中心對象，對其材料、外形和功能進行拓展發散，然後就可以得到相應的創新成果。案例中，我們只截取了材料、外形和功能 3 個點，但實際上，最簡單的曼陀羅圖裡面，除了中心空格以外，都有 8 個拓展空格，這 8 個空格的內容可以重覆、也可以分別獨立，如對於電話機，我們可以對其材料、外形、功能、價格、安全、文化、歷史 7 個方面進行發散。前面三者自不必說，價格發散我們可以設計出幾萬元的高階電話或者幾塊錢的廉價電話；安全發散我們可以設計出防竊聽電話，文化發散我們可以設計出中式、歐式電話；歷史發散我們可以設計出仿古電話等。使用曼陀羅法，可以讓我們的創新思路變得寬廣而有序。

　　其二，曼陀羅法可帶動工作方法創新

　　曼陀羅圖法在日常的工作中可以發揮廣泛的作用。由於其簡易性與可操作性，曼陀羅圖法可以具體落實到工作的每一個環節，貫徹到每一個細節，例如工作中的制訂計畫、設計方案、業務會議、會議組織等，都可以使用曼陀羅圖法創造性地予以解決。

　　案例：使用曼陀羅法制訂會議流程圖

　　某公司的一名行政祕書，一天突然收到上級通知要儘快召開會議，但是當天因為工作很多，這名祕書已經感到很疲倦，接到任務後大腦一片空白，為了降低大腦對工作的抗拒性，儘快進入工作準備狀態，她使用了曼陀羅法制定會議流程。

優秀轉變型：已具備轉變到更高層次的能力。進行培訓，準備提升	優秀成長型：有能力承擔更大、更廣泛的工作。對其進行管理類和其他部門工作的培訓	完全達標轉變型：在將來有能力進行轉變，更加出色。作為第一格人才的儲備，進行對應培訓
貢獻者成長型：可能在某些工作方面表現良好，其他方面表現不佳或很差	貢獻者熟練型：在資源、穩妥和有能力的基礎上，必須幫助其達到安然無恙全達標（績效）	優秀熟練型：有能力在同一層級的相似工作職位上高效地工作，工作老練，同時具有掌握新技能的能力
貢獻者轉變：表示需要往更優秀的績效努力。因為他們在新的職位上還沒表現出應該表現的績效	完全達標熟練型：技術熟練，需要能力的提升，向完全達標轉變型努力	完全達標成長型：有可能在目前的層級承擔更多的職責，但是應該努力達到優秀的績效

圖 6-9 使用曼陀羅法制定會議流程圖

案例分析：

　　案例中使用的是圍繞型的曼陀羅法，按照順時針方向從中心出發，逐步列舉會議安排程序。一般看來，在這個案例中使用曼陀羅法，似乎並

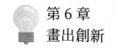
沒有太大的優勢，因為直線型的列舉鋪陳方式並不比曼陀羅法複雜，甚至還要簡單一些，但在具體的實踐中證明，作為平面式甚至立體式的工作方式，曼陀羅法更加能夠激發大腦潛能，從而得到更高的工作效率和更好地工作效果。因此案例中提示的背景是非常重要的，在精神高度緊張，大腦高度疲勞狀態下，長時間直線式的思考方法，容易讓人思維產生定勢，交替使用思考方式，能夠保持人腦處於興奮狀態。

其三，曼陀羅法帶動學習方法革命

曼陀羅圖法是開啟一個人智慧型與快速聯想力的一個好工具，其九宮格模式又可以活用在教育界、企業界及藝術界許多地方，故這幾年透過坊間一些記憶術、心智繪圖文教機構、資策會數位教育研究所等多元智慧型與效率學習中心在民間與學校推廣之下，越來越被熟知與重視。

曼陀羅圖法也被多面向地活用在學習策略方面，比如說寫日記、抓取文章重點、目標設定、自我探索、提升心靈等，對於學生各種能力與思考也能有很大的啟發與幫助。在啟發學生寫作文與創意思考、聯想力、閱讀理解能力上有不錯的成效，受到多數學生喜愛，適用性高。

其四，曼陀羅法在企業營運中的創新應用

企業營運，包括生產管理、業務管理、人才管理等諸多方面，自有其方法體系，但是這些方法儘管有其適用性，但也不免流於繁雜。事實證明，大量的企業由於管理方法體系的固化，導致營運效率低下，最後被激烈的市場競爭所淘汰。因此，引進科學的創新方法，為企業營運管理注入新鮮血液，顯得意義深遠。曼陀羅圖法就是眾多創新方法中被證明卓有成效的一種。隨著曼陀羅法的深入研究與發展，其應用的深度和廣度都得到了很大的延伸。

案例：花旗銀行—人才甄選的九宮格法

高級金融人才的成長往往需要較長的時間，但是對於花旗銀行來說，中高層管理者從來不向同行挖角：「我們更加重視自己員工的培養」。花旗銀行依靠雄厚的企業實力為快速選拔管理者而建立了強大的培訓體系，其中就包括成功的選拔體系。

為合理選拔優秀人才成為團隊的管理者，花旗銀行培訓中成功地開發了九宮格法，根據績效和潛能兩種考核結果，將員工分別放在九宮格不同的格子裡，按照每格的含義，進行相應的培訓。並且根據不同的等級採取不同的對待措施。透過九宮格法甄選出來的優秀員工進入管理者儲備行列。

優秀轉變型：已具備轉變到更高層次的能力。進行培訓，準備提升	優秀成長型：有能力承擔更大、更廣泛的工作。對其進行管理類和其他部門工作的培訓	完全達標轉變型：在將來有能力進行轉變，更加出色。作為第一格人才的儲備，進行對應培訓
貢獻者成長型：可能在某些工作方面表現良好，其他方面表現不佳或很差	貢獻者熟練型：在資源、穩妥和有能力的基礎上，必須幫助其達到安然無恙全達標（績效）	優秀熟練型：有能力在同一層級的相似工作職位上高效地工作，工作老練，同時具有掌握新技能的能力
貢獻者轉變：表示需要往更優秀的績效努力。因為他們在新的職位上還沒表現出應該表現的績效	完全達標熟練型：技術熟練，需要能力的提升，向完全達標轉變型努力	完全達標成長型：有可能在目前的層級承擔更多的職責，但是應該努力達到優秀的績效

圖 6-10 花旗銀行的九宮格

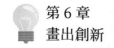

案例分析：

　　花期銀行的九宮格法，其實就是曼陀羅法，其體就上面圖表來說，使用的是順時針圍繞型的曼陀羅法（參照圖標示箭頭）。花旗銀行把員工分為九大類，分別描述其狀態和培訓方案（限於篇幅省去培訓方案），整個人員體系就簡明扼要地展現在一張曼陀羅圖中，人力管理人員可以輕便地從中獲取資料，在制定各項人才培養措施或者使用方案時，可以找到明確的參照標準。花旗銀行使用曼陀羅法進行人才選拔與管理，是管理方法的重大創新，曼陀羅法一方面讓人才體系表格化、直觀化、大大提升了管理效率；另一方面，也避免了傳統人才管理中各種複雜人際關係因素的干擾，是企業營運科學化和現代化。

2. 動動手，畫個價值創意圖

　　一般來說，曼陀羅圖的製作比較簡單，直接用簡單的電腦製圖工具就可以快速做出想要的創意圖。但是現實工作中，我們並不能完全依賴電腦，過分依賴現代工具，反而不能顯示出曼陀羅圖法的簡易性。因此更多情況下，我們只需要在任何時候、任何地點，帶上一支筆和一張紙，就可以使用曼陀羅圖法進行創意構思和規劃。

　　案例：手寫的價值曼陀羅圖

　　價值，是一個很抽象的概念，當我們接觸到這個概念的時候，能夠聯想到的內容往往是有限的 —— 儘管它離我們很近，但我們卻很少注意到它。為了對「價值」這一抽象事物有一個基本的認識，我們使用曼陀羅圖法勾勒出其基本的框架。

相關概念：真理	概念： 個體存在的積極作用	種類： 個人價值、社會價值
相關思潮： 個人主義、集體主義、 享樂主義	價值	實現路徑： 個人奮鬥、社會機遇、 父母恩澤
作用： 指導人生方向、明確 人生追求	研究意義： 明白人為何而生，為 何而活	體驗方式： 奉獻、索取

圖 6-11 價值曼陀羅圖

案例分析：

　　這是一個四面八方擴散型的曼陀羅圖，首先確定中心空格的「價值」然後對其概念、相關概念、種類、實現路徑、相關思潮體驗方式和作用等8個方面進行擴散，就可以獲得一張關於價值創意的簡單曼陀羅圖。

二　蓮花圖思考法

　　蓮花圖法是從曼陀羅法的基礎上擴展而來的，是曼陀羅圖法的一種
種類 ── 向四面擴散的輻射線式在思維上的擴展，在用法上基本相似，
可以幫助我們拓寬思路，也可以幫助我們尋找更多的靈感。

　　蓮花圖，正如其名，其形態就是以蓮花為原型抽象出來的。正如一
朵蓮花，以蓮蓬為核心，向四周逐層伸展出花瓣，可以是一層，也可以
是兩層或者多層，但每一層的花瓣大小都是大致均等的。蓮花圖也是如
此，以一個主題為核心，逐步向外擴散，最後形成一個由內向外的蓮花
結構圖。

　　相對於曼陀羅圖，蓮花圖級數倍地增加了表格的數量，這也就意味
著想像的空間也相應地擴展。在一定的邏輯關係下，可以肆意地進行思
維發散。這種思維發散可以是層次性的，例如由家具發散到椅子、桌子
和櫃子，體現總分關係；也可以是直線性的，例如從早餐發散到中餐、
晚餐和宵夜，體現延伸關係；還可以是關聯性的，例如由稻米發散到老
鼠、蛇和貓頭鷹；甚至可以是跳躍性的，例如由青草發散到牛羊、屠
宰、工廠。

　　蓮花圖的具體表現也是多采多姿的，在總體布局穩定的條件下，可
以進行大膽的設計和改裝。一般來說，蓮花圖法使用最廣泛的是原因型
蓮花圖和對策型蓮花圖。

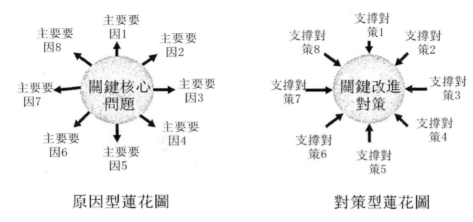

原因型蓮花圖　　　　　　　　對策型蓮花圖

圖 6-13 蓮花圖兩種類型

　　原因型蓮花圖的形成，需要小組成員根據已經產生的或者預計產生的核心問題進行討論，把造成這一結果的原因詳細地一一分析，直到找到能夠直接採取糾正措施的具體原因，分析過程方可停止。對策型蓮花圖的形成，則需要小組成員根據將要採取的核心對策進行討論，把能夠支撐這一改進對策的做法詳細地一一分析，直到該對策能夠系統地進行描述，分析過程方可停止。

　　案例：對策型蓮花圖創新解決影片監控設備銷售問題

　　某企業從事影片監控設備的生產和銷售，但是最近一段時間的銷售業績不盡如人意，庫存壓力日漸增大，在這樣的環境下，企業負責人緊急召開會議，意圖拿出有效的解決方案。在下屬的建議下，該負責人採用了蓮花圖法進行對策創新。

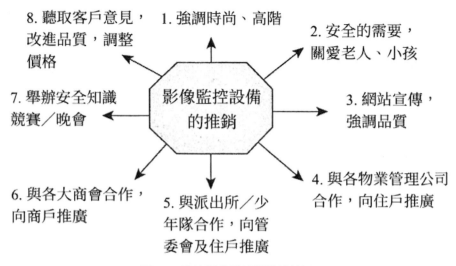

8. 聽取客戶意見，改進品質，調整價格

1. 強調時尚、高階

2. 安全的需要，關愛老人、小孩

7. 舉辦安全知識競賽／晚會

影像監控設備的推銷

3. 網站宣傳，強調品質

6. 與各大商會合作，向商戶推廣

5. 與派出所／少年隊合作，向管委會及住戶推廣

4. 與各物業管理公司合作，向住戶推廣

圖 6-15 監控設備推銷對策蓮花圖

案例分析：

　　首先，確定影像監控設備推銷這個核心問題，然後逐個明確能夠創新解決問題的關鍵要素。在本案例中，分別從高階定位、安全需求、網站宣傳、物業推廣、官方合作、商會推廣、晚會活動、價格調整等方面入手，形成一個體系性的對策體系。體現了兩個方面的創新，一方面是具體對策創新，例如與派出所等執法機構的合作，是區別於以往推廣模式的方案；另一方面是體系化，這也是蓮花圖法的創新體現，區別於以往個別、零散的方案提出，蓮花圖法能夠將一系列的措施組合起來實施，實現「1＋1＞2」的效果。同時，在列舉對策的時候，要注意掌握各個對策之間的獨立性以及盡可能保持整體對策體系的完整性。

　　如何使用蓮花圖進行創新？

　　一是要確定核心問題，也就是使用蓮花圖創新的主體。從最常見的兩種類型的蓮花圖來看，蓮花的核心可以分為兩種類型：對策型與原因

型，對策型蓮花圖對應的是回答「如何提高／改善／降低……」，原因型對應的是回答「為什麼會產生……」

　　二是要繪製蓮花圖，選擇具體的蓮花形態。相對應地，對策型蓮花圖是收縮型蓮花，原因型蓮花圖是發散型蓮花。

　　三是要確定具體創新元素。由於導致核心問題或關鍵對策的影響因素包括很多方面，而要能夠完全、準確地分析一個問題，必須做到關鍵要素的不重疊、不遺漏。因此，在將核心問題或關鍵對策分解為不同影響要素的時候，各個要素進一步延伸深化（原因型）或者發散拓展（對策型），形成更深層次的蓮花圖，直到完成既定目標──找到具體原因或者形成創新對策體系。

　　蓮花圖法在創新實踐中可以發揮重要作用，其將傳統的分析問題和解決問題的方法圖形化、直觀化，在保留左腦抽象思維能力的同時，開拓了右腦形象思維的創造能力，在學習工作、企業營運乃至於發明創造等諸多領域都可以大展身手。

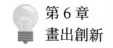

三　思維導圖

　　思維導圖，又叫心智圖，是表達發射性思維的有效的圖形思維工具，簡單卻又極其有效。思維導圖運用圖文並重的技巧，把各級主題的關係用相互隸屬與相關的層級圖表現出來，把主題關鍵詞與圖像、顏色等建立記憶連結，思維導圖充分運用左右腦的機能，利用記憶、閱讀、思維的規律，協助人們在科學與藝術、邏輯與想像之間平衡發展，從而開啟人類大腦的無限潛能。

　　思維導圖是一種將放射性思考具體化的方法。放射性思考是人類大腦的自然思考方式，每一種進入大腦的資料，不論是感覺、記憶或是想法──包括文字、數字、符碼、食物、香氣、線條、顏色、意象、節奏、音符等，都可以成為一個思考中心，並由此中心向外發散出成千上萬的節點，每一個關節點代表與中心主題的一個連結，而每一個連結又可以成為另一個中心主題，再向外發散出成千上萬的節點，而這些關節的連結可以視為記憶，也就是個人資料庫。

　　思維導圖的形態豐富多彩，其製作和使用既充滿著創造性的色彩，也體現了個性化的特徵。養成使用思維導圖的習慣，對於創新能力的培養，有著重要的意義。

1. 如何製作思維導圖

　　第一步，準備材料：空白紙張、彩色鉛筆、你的大腦、你的想像力。
　　第二步，繪製。

繪製有 7 個步驟。

表 6-1 繪製思維導圖的 7 個步驟

第一步：從一張白紙的中心開始繪製，周圍留出空白
第二步：用一幅圖像或圖畫表達你的中心思想
第三步：在繪製過程中使用顏色
第四步：將中心圖像和主要分支連接起來，然後把主要分支和二級分支連接起來，再把三級分支和二級分支連接起來，依次類推
第五步：讓思維導圖的分支自然彎曲而不是像一條直線
第六步：在每條線上使用一個關鍵詞
第七步：自始至終使用圖形

繪製思維導圖的技巧要點，如下表所示。

表 6-2 繪製思維導圖的技巧要點

清晰明白	突出重點
（1）讓紙張橫放在桌前，從中央開始 （2）每條線上只寫一個關鍵詞 （3）不同級別主題的線粗細合理 （4）間隔要安排合理，邊界要能「接受」分支概要	（1）一定要用中央圖，次主題 3 至 7 個 （2）盡可能用色彩豐富的圖形 （3）中央圖形上要用三種或者更多的顏色 （4）圖形要有層次感，可以用 3D 圖 （5）字體、線條和圖形盡量多一些變化
使用聯想	形成個人風格
（1）在分支之間進行連接時，可使用箭頭 （2）使用代碼 （3）使用各種相關的色彩、圖示、符號	（1）布局合理，層次分明 （2）條理順序，使用數字 （3）圖形簡潔，清楚易懂 （4）誇張手法、有趣 （5）顏色搭配和諧，整體效果好

案例：繪製「太陽」思維導圖

閉上眼睛，持續 1 分鐘，思考太陽是什麼樣的。

先拿出一張白紙和一些筆。把這張紙橫放過來，這樣寬度比較大一

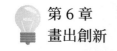
些。在紙的中心，畫出能夠代表你心目中「太陽」的圖像。使用筆，盡可能地任意發揮。現在，給這幅圖貼上標籤：「太陽」。

從「太陽」圖形中心開始，畫一些向四周放射的粗線條。每一條線都使用不同的顏色。這些分支代表你關於「太陽」的主要想法。在繪製思維導圖的時候，你可以添加無數根線，但是因為我們現在只是在做練習，所以我們把分支數量限制在 5 根以內。

在每一個分支上，用大號的字清楚地標上關鍵詞，這樣，當你想到「太陽」這個概念時，這些關鍵詞立刻就會從大腦裡跳出來。就像你看到的一樣，此時此刻，你的思維導圖基本上是由線和詞彙組成的。那我們怎樣才能改進它呢？

現在，讓我們用聯想來擴展這幅思維導圖。回到你繪製的思維導圖上，看看你在每一個主要分支上所寫的關鍵詞。這些詞是不是讓你想到了更多的詞？例如，假如你寫下了「溫暖」這個詞，你會想到熱湯、火堆等。根據你聯想到的事物，從每一個關鍵詞上發散出更多的分支。分支的數量取決於你所想到的事物的數量 —— 可能有無數個。但是在這個練習當中，請畫出 3 個分支。

然後完成與第一階段相同的工作：在這些等待填充的線上清楚地寫下每個關鍵詞。用上一級關鍵詞來觸發靈感。別忘了在這些分支上再次使用顏色和圖形。

你現在已完成了第一幅基本思維導圖。你會注意到，即便是在開始階段，你的思維導圖裡也已經填滿了符號、代碼、線條、詞彙、顏色和圖像，這些都能使你大腦更高效、更愉快地工作。

圖 6-20 思維導圖第二階段

2. 思維導圖對創新的重要作用

　　思維導圖的玄妙之處，在於跳出傳統的文字表述的概念性思維，藉助右腦對色彩、圖像等具體性元素的敏感來刺激整個思維系統。同時，思維導圖之所以在實際應用中能夠發揮奇特的效果，源於其基本運行原理和大腦運行原理具有一致性。人類從一出生即開始累積一個龐大且複雜的資料庫，大腦驚人的儲存能力使我們累積了大量的資料，經由思維導圖的放射性思考方法，除了加速資料的累積量外，更多的是將數據依據彼此間的關聯性分層分類管理，使資料的儲存、管理及應用更系統化而增加大腦運作的效率。思維導圖和大腦運行一樣，都是利用結構性的

知識樹，對各種元素進行歸類對比，從而促使新知識的產生。另外，思維導圖最能善用左右腦的功能，藉由顏色、圖像、符碼的使用，不但可以協助我們記憶、增進我們的創造力，也讓思維導圖更輕鬆有趣，而且具有個人特色及多面性。

思維導圖以放射性思考模式為基礎的收放自如方式，運用在創意的聯想與收斂、項目企劃、問題解決與分析、會議管理等方面，往往產生令人驚喜的效果。它是一種展現個人智力潛能極致的方法，可提升思考技巧，大幅增進記憶力、組織力與創造力。它與傳統的方法相比有量子跳躍式的差異，主要是因為它源自腦神經生理的學習互動模式，並且開展人人生而具有的放射性思考能力和多感官學習特性。

思維導圖為人類提供一個有效思維圖形工具，運用圖文並重的技巧，開啟人類大腦的無限潛能。它充分運用左右腦的機能，協助人們在科學與藝術、邏輯與想像之間平衡發展。近年來思維導圖完整的邏輯架構及全腦思考的方法。被廣泛應用在學習及工作方面，大量降低所需耗費的時間以及物質資源，對於每個人或公司績效的大幅提升，必然產生令人無法忽視的巨大功效。英國會計師學院的學生為了獲得大獎，利用思維導圖準備考試；一些有名望的公司的稅務諮商官員利用它解決問題，指導客戶。

案例：思維導圖激發員工創造力

電子數據系統公司（EDS，Electronic Data Systems）是一家資訊系統巨頭公司，它把在員工中間使用提升素養的訓練作為公司主要的目標。這個活動的一個主要特性在於領導層的發展能力。為了實現這個目標，完整地理解每個人的工作目標是什麼，並且建立領導人或者各個不同專案的「領頭人」是非常重要的。

　　為了辨認出每個專案的領頭人的作用，整個小組都分發了一張空白的思維導圖紙，作為一個小組，他們都需要在裡面填寫內容。如項目負責人和思維導圖的倡導者吉姆·莫塞米特和東尼·博贊（Tony Buzan）所言：「它工作起來很有效，只花了很少的時間，每個人都完全理解了我們將要去完成的任務以及領頭人的目的。」

案例分析：

　　EDS 作為一家資訊科技企業，在對創新方法的使用上有著較強的適應性。透過讓專案的領頭人描繪其工作目標和目的的思維導圖，不僅能節約溝通交流的時間，同時也能使各自所要表達的內容形象化，便於理解。更重要的是，製作思維導圖的過程，也是一個自我教育、自我激發的過程，可以讓員工本身的創造力得到更好地釋放。

3. 水的思維導圖 ── 如何運用思維導圖擴散性思考並進行創新

　　發散型思維導圖，是指利用擴散性思考進行思維導圖的設計以及使用，是擴散性思考與圖表工具結合的產物。藉助發散型思維導圖，可以為創新活動提供工具，使之更為高效與便利。

　　利用思維導圖對特定主題進行拓展發散，可以達到元素具體化、元素邏輯化、元素多元化三種效果，這三種效果為創新提供了重要條件。

　　元素具體化，是指使用可以看得見的圖片或者繪畫代替抽象的文字概念，將大腦中的元素變成現實的元素集合圖。元素邏輯化，是指將凌亂的、分離的元素按照一定的邏輯關係整合在同一張思維導圖中。元素多元化是指模擬大腦運行機能，按照一定的路徑促使元素種類盡可能豐富，層次盡可能深入。經過以上三個方面的作用，下一步的創新便從意願變成了可能。運用思維導圖進行發散創新，其原理圖如下圖所示。

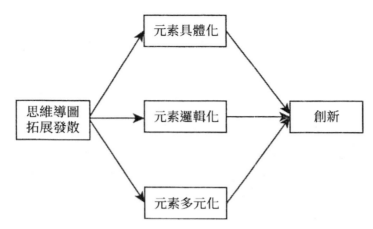

圖 6-23 思維導圖發散創新原理

需要重點指出的是，利用思維導圖進行思維發散的環節並不屬於創新活動環節，而只是為了創新而採取的有利準備，或者說屬於創新的前奏曲，而非創新的進行曲。

案例：水的擴散性思考導圖協助創新

某企業企劃人員接到一項任務，設計一個以「水」為主題的晚會策劃案。對於水，所有人都非常熟悉，都可以輕易說出與之相關聯的因素，但是正是因為這個主題過於龐大，反而令該企劃人茫然不知從何下手，在這樣的情況下，他選擇了使用思維導圖對「水」進行發散，從而對這個主題形成一個具體化的印象圖，為進一步地創新設計提供了有益的幫助。

透過思維導圖的製作，該企劃人員的思路擴展開來，從單純對水的認識延伸至工業、農業、飲用水、水汙染等多個領域，並且將原本的抽象認知變成形象認知，在接下來的創新設計中，思路得到很好的開闊，其創新素材大大豐富。

案例分析：

　　以「水」為主題進行思維發散，其內容無意識異常龐大的，如果企圖將所有相關元素都囊括在內，是不現實的。因此，在使用思維導圖時，只能盡可能增加發散的分支，這一案例由於篇幅關係，只是截取了一部分元素進行了簡要的發散，如果要取得更好的效果，還可以從水的性質、形態、典故等諸多方面進行發散。案例中選取的元素，主要側重於水的用途和問題兩大方面，在全面性方面，是不足的。

　　從上面的案例分析可以知道，使用思維導圖進行思維發散，從而激發創意，具有兩個方面的特點：選擇性和目的性。

表 6-3 使用思維導圖進行思維發展的兩個特點

選擇性	基於思維導圖的容量及製作的繁雜程度，在實際製作導圖時，可以適當放棄一部分與創新主題關聯較遠的元素。當然，這樣做的結果，也會導致接下來的創新活動會喪失一部分創意來源
目的性	使用思維導圖進行思發散，最終目的都是為了創新活動服務，因此從一開始便顯示出明顯的目的性。在選擇元素擴散的過程中，應適當考慮所選元素可能對下一步的創新所能引起的作用

　　總之，合理使用發散型思維導圖，可以服務於創新，從而促進創新靈感的迸發，在實際運用中，常常可以起到事半功倍的作用。

4. 馬桶的思維導圖 —— 如何運用思維導圖進行聯想思維創新

　　聯想型思維導圖，是指利用聯想思維進行對思維導圖的設計和使用，是對聯想思維的工具化運用。

　　聯想型思維導圖，與發散型思維導圖一樣，可以發揮拓展思路、激發創新的作用，在創新密碼體系中，也承擔著不可輕視的助手角色。

　　與前面利用發散型思維促進創新一樣，聯想型思維導圖對創新活動

的作用機制也是透過元素具體化、邏輯化與多元化來完成的。與發散型思維導圖所不同的是，本部分元素之間的邏輯關係具有更多的跳躍性和隨機性，這也是擴散性思考與聯想思維的區別所在。

發散型思維導圖，導圖主題與主枝幹的邏輯關係，一般都是總分關係、包含與被包含關係。例如，由水果發散到香蕉、蘋果、梨子。而聯想型思維導圖，導圖主題與主枝幹之間的關係，卻具有不確定性，取決於當時的大腦思考狀況和知識累積儲備狀況，例如，由水果可以聯想到果農，也可以聯想到果樹，或者聯想到飲食乃至於營養健康。

聯想型思維導圖在激發創新思路，開拓創新事業方面，更具有典型的意義。或者說，聯想型思維導圖，離創新的距離，往往更近一些。

案例：馬桶的思維導圖帶來的企業創新

一家陶瓷生產企業，在經過長期的市場摸索以及生產經驗累積之後，選擇了將馬桶產品作為企業的主打方向。該企業的老闆是一位傳統的生意人，本身學歷不高，依靠自身多年的摸爬滾打創業發展，才在市場中開始站穩腳跟，所以該老闆的市場危機感非常濃厚，並且有著強烈的創新意識，尤其特別重視產品的創新設計。在朋友的建議下，他在自己的公司裡面推行思維導圖的運用，意圖透過思維導圖工具開發下屬的創新思路，在一段時間的學習與運用後，果然有了比較不錯的效果。

利用思維導圖，可以為進一步完善「馬桶」產品設計提供思路，例如，從便利的角度，開發出兒童、病人專用馬桶；從衛生角度，開發出具有紫外線殺菌以及自動除臭功能的馬桶；從情趣角度，開發出音樂馬桶、廣播馬桶或者在馬桶附近提供閱讀設備等。在技術條件允許的情況下，還可以再進一步開發圍繞馬桶為起點的糞水處理環保系統，為綠色節能和資源利用提供新路徑。

案例分析：

　　利用思維導圖對馬桶開展聯想，可將與馬桶相關的元素體系化、具體化地集中在一起，同時也有利於元素的多元化列舉。從不同的角度進行聯想，就可以得到各種各樣的相關元素，然後這些具體化的元素出發，進一步思考開發、完善當前元素的創新措施與產品，從而實現由思維導圖創新的推進過程。

　　用發散型或者是聯想型思維導圖激發創新，需要注意的問題如下所示。

表 6-4 使用思維導圖的注意事項

第一	使用思維導圖可以協助創新活動，但是該使用過程本身並不是創新活動，兩者的關係需要界定清楚。準確來講，使用思維導圖，是更好地進行創新服務的一種手段
第二	使用思維導圖，一般不能直接應用於產品設計，而只是為產品設計提供靈感或者思路。產品設計的過程，往往涉及大量的專業知識與專業工具，這些知識、工具的使用，是絕大多數思維導圖所無法替代的
第三	思維導圖的製作，一般有兩種方法，一種是使用專業的電腦軟體，另一種是手繪。前者需要專業系統的操作訓練，後者需要較好的繪畫功底。這兩個條件在一定程度上限制了思維導圖的推廣，當然也限制了一般人員對思維導圖的使用
第四	思維導圖的形式與內容具有辯證關係。思導圖的形式在激發創意時是非常重要的，尤其是色彩、線條、圖畫等的運用，可以刺激右腦的思考功能。但在實際運用中，由於軟體熟練程度或者繪畫水準的限制，我們往往只能選擇淡化形式，側重內容

　　如果把創新看做爬山登高，那使用思維導圖就如同準備運動，簡潔但是必要；如果把創新看做揚帆出海，那使用思維導圖就如同購置羅盤、航海圖，簡便但是重要。創新是一個系統的工程，一切有利於工程更好開展的方法和工具，我們都可以大膽地、盡可能多地使用。創新有

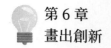

一套隱藏著的完整的密碼，那麼我們就要將整個密碼體系無論是核心部分或是邊緣部分，都盡可能地熟知和了解。只有這樣，我們的創新之旅，才會更加順暢和便利。

第 7 章
團隊合作而來的創新

不管一個人多麼有才能，但是集體常常比他更聰明和更有力。

—— 奧斯特洛夫斯基（Nikolai Ostrovsky）

第 7 章
團隊合作而來的創新

一　腦力激盪

　　我們經常在各種場合聽到「腦力激盪法」這個詞。在電視劇裡，商業菁英們要完成什麼大專案之前，都要一群人待在一間屋子裡吵半天，最後吵完了，專案也就討論好了。電視裡是這麼演的，現實其實也差不多。事實上，腦力激盪法不過就是一種思想碰撞的最直接簡單但又作用顯著的方法。腦力激盪法出自「腦力激盪」一詞。所謂腦力激盪（Brainstorming）最早是精神病理學上的用語，指精神病患者的精神錯亂狀態，如今指無限制地自由聯想和討論，其目的在於產生新觀念或激發創新設想。我們可以直接從字面上去理解，腦力激盪──在你的大腦裡激起一場激烈的狂風暴雨，這表示你的思想要經歷極其猛烈的碰撞和洗禮，那麼新的想法與念頭產生的機率當然就更大了。

　　從心理學上講，在團體決策中，由於團體成員心理相互作用影響，易屈於權威或大多數人意見，形成所謂的「團體思維」。團體思維削弱了團體的批判精神和創造力，損害了決策的品質。為了保持團體決策的創造性，提高決策品質，管理上發展了一系列改善團體決策的方法，腦力激盪法是較為典型的一個。試想一下，假如你和你的主管一起開會討論一個課題，對於主管提出的不合理的建議，你是否沒辦法很乾脆直接地否定，甚至有可能拐著彎地去肯定接受？這其實就是在團體決策中受權威或者大多數人意見影響的體現。團體決策追求的，是每個人都能平等公開地發表自己的意見，並且自己的意見都能得到討論的機會。因此，腦力激盪法的最大作用就在於它創造並提供出了一個人人都有機會發表

自己觀點的空間，在這個空間裡不同的想法和主意互相激烈碰撞，每一個想法中的有用之處都能被大家看到，從而得到利用。

案例：博鰲亞洲論壇推動亞太區域發展

博鰲亞洲論壇，由 25 個亞洲國家和大洋洲的澳大利亞共同發起，於 2001 年起每年春季在海南海口博鰲鎮舉辦一次。論壇為非官方、非營利性、定期、定址的國際組織，旨在為政府、企業及專家學者等提供一個共商經濟、社會、環境及其他相關問題的高層對話平臺。作為對該地區政府間合作組織的有益補充，博鰲亞洲論壇將為建設一個更加繁榮、穩定、和諧且與世界其他地區和平共處的新亞洲做出重要的貢獻。每年，來自亞太的國家的領袖、專業學者和商業領袖齊聚博鰲，針對亞洲經濟發展等許多具體問題進行多場討論，其中不乏激烈的互相辯駁和爭論。同一個課題，各方常有不同意見，大家各抒己見，試圖說服改變對方，又不斷接受對方觀點給自己觀點帶來的補充和改變。論壇由於其開放、自由、平等的討論對話環境，好評不斷。博鰲論壇從 2001 年成功舉辦後，一直持續良好發展，申請加入的會員國也不斷增加。參與論壇的各方代表雖然每次都會產生激烈的爭論，但是又總能達成具有實際意義的一致意見。博鰲論壇有力地推動了亞太地區的經濟發展和和平共處。

案例分析：

　　雖然官方沒有人把博鰲論壇認為是「腦力激盪」，但其實就是一場亞太國家間的高級腦力激盪。參加論壇的領袖、商業領袖和業界專家學者，針對不同問題展開討論，暢所欲言；既要表達自己的想法，又要從對方的觀點中吸取有用成分改善自身。透過觀點的不斷修正，最終各方在同一個問題上達成一致意見，為日後的發展提供有利條件。除了博鰲論壇，全球每年舉辦的經濟、商業、政治和區域合作等論壇、研討會不計其數。他們

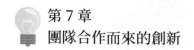

都是利用腦力激盪帶來的思想碰撞和觀點融合來推動事物發展。腦力激盪法到底有多好用，這一點上就可見一斑。

　　腦力激盪法的運用實例見表 7-1，同時，有 3 點需要注意。

表 7-1 腦力激盪應用實例

1	美國克林蘭廣告俱樂部召開腦力激盪會，討論「改進廣告形式提高歌劇賣座率」，現場收到 124 條回饋，劇方採用其中 9 條，劇院爆滿
2	美國丹佛郵局召開 12 人腦力激盪會，研究「如何節省勞動時間？」，半小時收到 121 條回饋。這些回饋在其後 6 星期的實驗中節省了 1,266 個小時
3	日本電氣公司運用腦力激盪法，使該公司 1975 年獲得 58 項專利，降低產品成本達 210 億日元
4	某機械治金工會舉辦研討班，用腦力激盪法討論「未來的電風扇」，半小時內收到 173 個新點子，包括：負離子電扇、驅蚊電扇、去潮濕電扇、吸塵電扇、太陽能電扇、衣服烘乾電扇……

1. 不許評論

　　這是參加腦力激盪的人必須達成的第一點，也是最基礎的一點共識。腦力激盪就是要讓每個人的意見都能得到充分自由的表達。要透過腦力激盪得到有用意見的前提是，首先要能有大量的、發散性的意見存在。因此，每個人在發表自己觀點的時候，其他人，無論地位或者身分，都不能有任何方式的打斷或者質疑。

　　這一點看似簡單，實際上我們在與其他人討論事情時，打斷或者被他人打斷的情況是常常發生的。比如，討論事情時，一定有對方話還沒說完，就有人說「可是……」然後話題就轉變成討論這個還沒表達充分的觀點的弊端上了。這種情況在腦力激盪中是絕對不被允許的。腦力激盪必須建立在大家互相尊重，相信對方能發揮作用的基礎上。

　　除了要得到對方的尊重，參與者自己也要尊重自己，要懂得自信，

不卑不亢地說出自己的真實想法。這點其實也很難實現。現實中我們生活在一個有各種規矩條例的社會中，不知不覺中我們養成了自謙的習慣。比如，我們要談論某件事情時，常常會用「我有個很不成熟的想法」、「我有個方法，但似乎作用不大」這樣的開場白。這種禮節性的自謙語在腦力激盪中也應該摒除，因為腦力激盪要的就是直接乾脆，想法可以猛烈地互相撞擊。無論你是主管還是底層員工，無論你有 15 年從業經驗還是剛入行，這些問題都不重要，重要的是你在腦力激盪中呈現的想法。

案例：善於聽取意見的松下幸之助

日本松下企業是與索尼齊名的著名全球電器電子品牌，在激烈的國際市場變更中始終屹立不倒。這與其創始人松下幸之助在創業之初塑造的企業風格不無關係。松下幸之助為人最大的特點就在於他善於聽取別人意見。

他在世時，經常召集公司上下組織成員聚在一起，就公司營運的某些問題展開討論。通常有公司最高主管在場的會議，都是主管發言，屬下認真聽。但是松下卻不斷鼓勵大家暢所欲言，講出自己的想法。對於下屬給出的意見，他也從不立刻下結論做出判斷。他經常問他的下屬管理人員：「說說看，你對這件事是怎麼考慮的？」「要是你做的話，你會怎麼辦？」一些年輕的管理人員一開始還不怎麼敢說，但當他們發現董事長非常尊重自己，認真地傾聽自己的發言，而且還不時拿筆記下自己的建議時，他們就開始認真發表自己的見解了。

他總是說：「不管誰的話，總有一兩句是正確可取的。」正是因為松下幸之助的善聽意見，才幫助松下集團能一直蒸蒸日上，即使松下逝世，松下王朝仍在延續。

第 7 章
團隊合作而來的創新

案例分析：

　　儘管當時，「腦力激盪」這個詞語還未流行起來，但是松下幸之助召開公司會議討論公司事項的做法，就是腦力激盪的一種方式。松下幸之助最聰明的地方並不是他的經營策略多麼精準，而是他能在任何人面前都放下自己大老闆的身分，平等主動地聆聽他人的想法，而且從不妄自評判。這種做法，讓松下電器有了今天的輝煌。而松下幸之助不對他人隨便評論，正是腦力激盪中我們需要堅持的。

2. 異想天開

　　有了不被打斷的基礎，接下來參與者們要做的就是暢所欲言了。腦力激盪對觀點的發表是沒有任何約束和限制的；相反，腦力激盪希望參與者的想法可以天馬行空，簡單說，就是「越不可靠越好」。

　　由於每個人的閱歷和認知不同，我們對於同一個觀點往往會有不同的理解；人總是站在自己最舒服的角度去看問題。這就意味著，別人提出的觀點，常常會令自己覺得「不可能」或 者「無法接受」。但是一個人或者幾個人無法接受某種觀點，並不代表這種觀點就不具備實現的可能性。在普通的討論中，人常常在無形的團體壓力之下，不自覺地改變自己與大多數人不同的看法。但大家都沒有意識到，最珍貴的，往往就是這些極少數的意見。因此，腦力激盪的第二個原則就是支持異想天開，要懂得發散自己的思維，對於討論的問題，勇於放開自己的思路。

　　案例：蘭德公司（RAND Corporation）的成功之道

　　蘭德公司是當今美國乃至世界最負盛名的決策諮商機構，被譽為現代智囊的「大腦集中營」、「超級軍事學院」，以及世界智囊團的開創者和代言人。作為一家諮商公司，蘭德自然是以它層出不窮的「金點子」

立足江湖。而其點子與想法源源不斷的祕訣其實就在於透過腦力激盪法
來挖掘團體的智慧。

　　蘭德公司在建立之初就大手筆地招募了各行各業的專門人才，此後
凡有大客戶，都必須動用到自己的人才隊伍，大家群策群力，各司其
職，對一個問題不斷地深化討論，即反覆地「腦力激盪」，來得出最後的
答案。蘭德公司是將腦力激盪法貫徹到底的典型，也因為它對腦力激盪
的堅持，才能成為全球的智囊代表。

　　蘭德公司早期最著名的案例，便是他們在美蘇爭霸期間對蘇聯發射
第一顆人造衛星時間的準確預測。當時蘭德公司召集公司上下，大量搜
集多方資料，不厭其煩地透過團體討論進行論證，最後推斷出蘇聯發射
第一顆人造衛星的時間。蘭德公司向美國五角大廈提出這個推斷，但當
時卻有不少人認為這是無稽之談，認為蘭德這樣一家沒有名氣的小公司
卻要來研究這麼複雜的問題，答案必定是異想天開、不可相信的。但是
蘭德公司所推斷的結果與實際發射時間僅差兩周，這令五角大廈震驚不
已。此後，蘭德公司又對中美建交、古巴導彈危機、美國經濟大蕭條和
德國統一等重大事件進行了預測，當然還是有不少人認為蘭德的預測都
是異想天開。但這些準確的預測使蘭德公司的名聲如日中天，成為美國
政界、軍界的首席智囊機構。

案例分析：

　　腦力激盪的目的，就是集合團體智慧，使其在衝撞交融後產生全新
而有價值的結論。既然是全新的，在之前一定沒有被人發現，因此很多人
會覺得這些想法不可信，甚至覺得是天方夜譚，異想天開。蘭德公司透過
腦力激盪得出了很多精確的推斷，在這個過程中，包括美國五角大廈等權
威機構都對他們的預測提出懷疑，但是回頭看過去，這些當時被認為異想

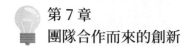

天開的預測，其實都是對的。腦力激盪拒絕墨守陳規，要的就是所謂的異想天開，因為只要敢想，天真的可能會開。

3. 越多越好

脳力激盪就是要集中眾人的智慧，因此大家能想出來的觀點自然是越多越好。因為如果十個點子裡只能有一個好點子，那麼要得到十個好點子就得至少有一百個點子做基礎了。而且，有了更多的點子和想法，它們之間也才有可以互補互配的機會。

當然，越多越好的意思不是說任何想法都可以出現，哪怕那些完全不著邊的言論。比如我們用腦力激盪來討論「如何做蛋糕」，那麼我們可以出現蛋糕的顏色、口味、造型、種類、原料，蛋糕製作的器材、工具，烤箱的溫度等，但是我們不能放著與蛋糕有關的話題不說，而去討論饅頭的做法。這樣的腦力激盪就屬於偏題了，偏題的腦力激盪是無法得到我們想要的結果的。

案例：百家爭鳴與雅典民主社會的繁榮

古代思想最繁榮的時期出現在 2,000 多年前、戰亂不斷的春秋戰國時期。當時，以孔子為代表的儒家、以韓非子為代表的法家、以墨子為代表的墨家等諸多學派，就治國、戰爭、安邦等問題展開了曠日持久的爭論。由於學派眾多，史稱「諸子百家」。諸子百家宣揚自家學派觀點、提倡自己的治國理論。許多學派之間觀點和理論存在巨大分歧，爭論甚至爭吵不可避免。但是在爭吵中不同學派也得以吸收學習其他學派的優秀理論，進而完善自身。例如，儒家學派在思想中吸收了法家思想的核心；道家思想也與儒家思想緊密連繫。各國君主對學派之間的爭論從不制止，而是從爭論中選擇有利於自己的觀點和思想作為自己治理國家的

工具。在百家爭鳴的推動下，中華文化得到了極大的提升。

　　無獨有偶，幾乎是同一個歷史時期，在雅典也出現了與百家爭鳴相似的情況。當時雅典城邦街頭出現了許多宣揚自己政治理論的學者，史稱「智者」。他們積極主動地向外界表達自己的理念，而智者聚在一起必定要演講與辯論，場面十分激烈。其中最有名的學者，就是後世無人不知的大哲學家蘇格拉底。智者學派的激烈爭論為雅典城邦的發展提供了許多有用的理論和方法，也推動了雅典的民主走向了輝煌的巔峰。

案例分析：

　　自然，在百家爭鳴和雅典民主社會時期，不會有人提出腦力激盪的概念。但以現在的眼光來看，毫無疑問，古代和古雅典的先人們都是腦力激盪的踐行者，他們相信思想必須要透過交流交換才能得到提升。因此他們從不會在乎有多少人與他們觀點不一樣。相反，他們要的就是這種不一樣，而且多多益善，因為不同的觀點越多，能學到的就會越多，能改進的空間就更大。

4. 試一下：未來的空調

　　以上我們談了腦力激盪的幾點原則，現在，我們不妨自己來親身體驗一下。隨便提一個問題：未來的空調會是什麼樣子的？找幾個朋友大家坐下來，花 5 分鐘思考，然後開始輪流發言。說不定，未來的最高科技的空調，真的就在你們的討論中誕生了呢。我們可以從造型、功能、人機互動等多種方面展開想像，不受限制，就和我們小學時寫的作文一樣。記住，每個人都要有機會發言，且發言不能被打斷。講話的內容越特別，越新奇越好，但是要與話題有關，要能扣住核心。照著這幾個原則，一起來玩腦力激盪的遊戲吧。

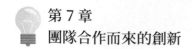
二　六頂思考帽

　　上文我們討論了一種在團隊間很實用的產生新觀點新點子的方法 —— 腦力激盪法。說白了，就是一群人暢所欲言，不停地說，在不斷陳述觀點的過程中，又不斷有更好的新觀點產生。但是因身分、閱歷和認知角度的不同，往往也會造成互相理解上的困難，爭執也常常發生。這種時候，另一個幫助我們思考問題的方法 —— 六頂思考帽就顯得十分有存在的必要了。

　　六頂思考帽是英國學者愛德華・狄波諾（Edward de Bono）博士開發的一種思維訓練模式，或者說是一個全面思考問題的模型。它提供了「平行思維」的工具，避免將時間浪費在互相爭執上。強調的是「能夠成為什麼」，而非「本身是什麼」，尋求一條向前發展的路，而不是爭論誰對誰錯。運用狄波諾 的六頂思考帽，將會使混亂的思考變得更清晰，使團體中無意義的爭論變成集思廣益的創造，使每個人變得富有創造性。這樣解釋六頂思考帽似乎很抽象，所以我們接下來從這個有趣又形象的名字來仔細講講這個特別的方法。

1. 帽帽有顏色

　　所謂六頂思考帽，依據是人大腦所具備的 6 種基本的思考功能，下面簡要介紹一下這 6 種功能：

1. 思維過程的控制與組織。這是理性而嚴謹的過程，需要冷靜地思考。冷靜從顏色學上來講是藍色的。藍色思考帽負責控制和調節思

維過程。它負責控制各種思考帽的使用順序，它規劃和管理整個思考過程，並負責做出結論。

2. 情緒上的感覺與直覺。直覺是衝動的、直接的，從感官上就給人像火焰一樣炙熱的感受，因此戴上紅色思考帽，人們可以表現自己的情緒，還可以表達直覺、感受、預感等方面的看法。

3. 客觀中立的思考。白色代表著中立和客觀，白牆壁、白衣服最大眾，最隨和證明了這一點，因為白色的中立和客觀，它可以出現在任何場合。戴上白色思考帽，人們思考的是關注客觀的事實和數據。

4. 事物負面因素的觀察。想到事物的負面因素就是看到事物消極不好的一面，這一面當然是黑色的，不討人喜歡的。戴上黑色思考帽，人們可以運用否定、懷疑、質疑的看法，合乎邏輯地進行批判，盡情發表負面的意見，找出邏輯上的錯誤。

5. 事物正面因素的觀察。而事物的正面因素總是積極樂觀向上的，這種感覺在顏色上表達為黃色，充滿朝氣和活力。黃色代表價值與肯定。戴上黃色思考帽，人們從正面考慮問題，表達樂觀的、滿懷希望的、建設性的觀點。

6. 創造性思想、創造性思想意味著新生，意味著從無到有，從弱小到蓬勃。這和植物的生長很像，一個主意、一種念頭從土中萌芽而出，生根成長，最後帶來價值。因此創造性思想是綠色的，綠色思考帽寓意創造力和想像力。它具有創造性思考、腦力激盪、求異思維等功能。

思維本身就是一件很複雜的事情，所以即使把功能羅列出來，我們

依然不好理解。這時候，我們就可以用「六頂思考帽」這個比喻了。即我們將這 6 種功能比喻成六頂不同顏色的帽子。

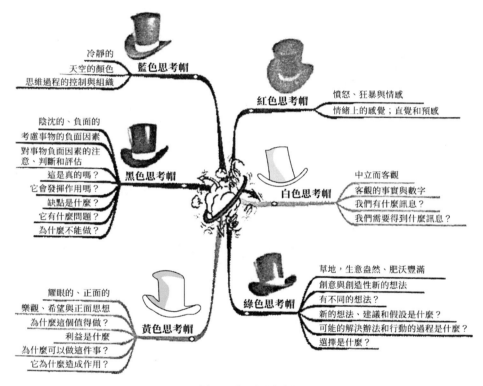

圖 7-7 六頂思考帽

將顏色帶來的直觀感受與 6 種思維功能連繫起來，是不是更好理解了？六頂思考帽的意義在於，它告訴我們討論中爭執產生的原因往往是因為我們沒有戴上同一頂帽子。比如向一位女生推薦一道甜點，我們誇讚這道甜點多麼美味；這時候我們戴上的是黃色的思考帽。但女生往往就會嫌棄甜點的高熱量會帶來體重增長 —— 很明顯，她思考問題時戴的是黑色的思考帽。於是，爭執就產生了。所以，根據六頂思考帽，下一次與自己的團隊討論問題前，請大家要統一戴上某一種顏色的帽子。如

果是要討論某種產品的不足，那麼就是黑色帽子；如果要客觀地評價某件事，請帶上白色帽子。由此才能避免無謂爭執的產生，才能讓討論更有效率。

案例：六頂思考帽在全球範圍的廣泛運用

全球最大的保險公司 Prudential Financial（保德信）長期運用「六頂思考帽」，其總部的地毯就是用彩色的「六頂思考帽」圖案編織而成。保德信保險公司運用狄波諾的思維方法把傳統的人壽保險投保人死亡後支付保險金改革為投保人被確診為絕症時即可拿到保險金。這種方法目前已經被許多國家的保險公司效仿，被認為是人壽保險業 120 年來最重要的發明。

1996 年，歐洲最大的牛肉生產公司 ABM 公司由於狂牛症引起的恐慌一夜之間喪失了 80% 的收入。借助六頂思考帽，12 個人用 60 分鐘想出了 20 個降低成本的方法和 35 個行銷創意，將它們用黃色帽子和黑色帽子歸類，篩選掉無用的後還剩下 25 個創意。靠著這 25 個創意，ABM 公司度過 6 星期沒有收入的艱苦卓絕的日子。

挪威著名的石油集團 Statoil，曾經遇到一個石油裝配問題，每天都要耗費 10 萬美元。引進六頂思考帽以後，這個問題在 12 分鐘內就得到了解決，每天 10 萬美元的耗費降低為零。

案例分析：

　　以上我們只是列舉幾個全球知名的企業利用六頂思考帽的例子。可以看出六頂思考帽在全球範圍是很受推崇的。六頂思考帽絕不僅僅只是將思維功能進行比喻而已，而是提供了讓思維能夠避免衝突、高效產生創意的方法。因此我們需要重視並且努力掌握這種方法。

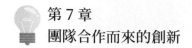

2. 帽帽有角色

每頂帽子顏色不同，代表的功能不同，它們能實現的作用也就不一樣。

（1）黑色思考帽。黑色是邏輯上的否定，象徵著謹慎、批評以及對於風險的評估，使用黑帽思維的主要目的有兩個：發現缺點和做出評價。思考中有什麼錯誤？這件事可能的結果是什麼？黑帽思維有許多檢查的功能，我們可以用它來檢查證據、邏輯、可能性、影響、適用性和缺點。

思考的真諦：透過黑色思維也可以讓你做出最佳決策；指出遇到的困難；對所有的問題給出合乎邏輯的理由；當用在黃色思維之後，它是一個強效有力的評估工具；在綠色思維之前使用黑色思維，可以提供改進和解決問題的方法。總而言之，黑帽子問的是「哪裡有問題」。

角色：我們可以想像黑色帽子就像是一個嚴肅的大法官，它對呈現在面前的每件事都會進行嚴格的審問和考察，對每一個錯誤都不會放過。因為有了法官的存在，我們不敢隨意犯錯誤，常常要自我檢討。這樣想，是不是生動了許多？

（2）白色思考帽。白色是中立而客觀的，代表資訊、事實和數據。努力發現資訊和增強資訊基礎是思維的關鍵部分，使用白帽思維時將注意力集中在平行的排列資訊上，要牢記 3 個問題：我們現在有什麼資訊？我們還需要什麼資訊？我們怎麼得到所需要的資訊？這些資訊的種類包括確鑿的事實、需要驗證的問題，也包括坊間的傳聞以及個人的觀點等。如果出現了意見不一致的情況，可以簡單地將不同的觀點平行排列在一起。如果說這個有衝突的問題尤其重要，也可以在稍後對它進行檢驗。

　　思考的真諦：白色思維可以幫助你做到像電腦那樣提出事實和數據，用事實和數據支持一種觀點，為某種觀點搜尋事實和數據，信任事實和檢驗事實，處理兩種觀點提供的資訊衝突，評估資訊的相關性和準確性，區分事實和推論，明確彌補事實和推論兩者差距所需的行為。

　　角色：白色的職業我們很容易聯想到護理師，白色帽子的角色和護理師其實很相似。他們職責為救死扶傷，判斷你的病情和傷痛狀況，然後對症下藥。他們嚴格按照方法辦事，同時保持中立客觀，不會因為你的身分而改變立場。

　　（3）紅色思考帽。紅色的火焰，使人想到熱烈與情緒，是對某種事或某種觀點的預感、直覺和印象，它既不是事實也不是邏輯思考，它與不偏不倚的、客觀的、不帶感情色彩的白帽思維相反。紅帽思維就像一面鏡子，反射人們的一切感受。

　　思考的真諦：使用紅色思維時無需給出證明，無需提出理由和根據。紅色思維可以幫你做到：你的情感與直覺是什麼樣，你就怎麼樣將它們表達出來。在使用紅帽思維時，將思考時間限制在 30 秒內就給出答案。紅帽的問題是：我對此的感覺是什麼？

　　角色：紅色帽子就像個活潑亂跳的小孩，它只憑直覺辦事，對於出現的事物，它的第一反應總是是什麼？為什麼？怎麼做？它只講述感受，直接而乾脆。有這樣一個小孩，我們不會忽略掉情感上的感受問題。

　　（4）黃色思考帽。黃色代表陽光和樂觀，代表事物合乎邏輯性、積極性的一面；黃色思維追求的是利益和價值，是尋求解決問題的可能性。在使用黃色思維時，要時刻想到以下問題：有哪些積極因素？存在哪些有價值的方面？這個理念有沒有什麼特別吸引人的地方？這樣可行嗎？

　　思考的真諦：透過黃色思維的幫助，可以讓我們做到深思熟慮，強化創造性方法和新的思維方向。當說明為什麼一個主意是有價值的或者是可行的，必須給出理由。黃帽的問題是「優點是什麼」或「利益是什麼」。

　　角色：黃色帽子就像是個精明的商人，它在問題中來回逡巡，只為找到問題中最有價值的所在，因為它的任務就是發現價值，然後想方設法去把價值實現。

　　（5）藍色思考帽。藍色是天空的顏色，有縱觀全局的氣概。藍色思維是「控制帽」，掌握思維過程本身，被視為「過程控制」；藍色思維常在思維的開始、中間和結束時使用。我們能夠用藍帽來定義目的，制訂思維計畫，觀察和做結論，決定下一步。使用藍色思維時，要時刻想到下列問題：我們的議程是怎樣的？我們下一步怎麼辦？我們現在使用的是哪一種帽子？我們怎樣總結現有的討論？我們的決定是什麼？

　　思考的真諦：藍色思維可以讓你發揮思維促進者的作用，集中和再次集中思考，處理對特殊種類思考的需求，指出不合適的意見，依需要對思考進行結論；促進團隊做出決策。用藍帽提問的是「需要什麼樣的思維」、「下一步是什麼」、「已經做了什麼思維」。

　　角色：藍色就像是個身穿藍色工作服的工程師，它站在建築工地之外，手拿施工圖，認真考量過程中的每一個環節，不放過任何細節，只為了能把過程完全控制在手中。既然是工程師，就需要冷靜嚴謹地思考，不能有紕漏。

　　（6）綠色思考帽。綠色是有生命的顏色，是充滿生機的，綠色思維不需要以邏輯性為基礎，允許人們做出多種假設。使用綠色思維時，要時刻想到下列問題：我們還有其他方法來做這件事嗎？我們還能做其他

什麼事情嗎？有什麼可能發生的事情嗎？什麼方法可以克服我們遇到的困難？綠色思維可以幫助尋求新方案和備選方案，修改和去除現存方法的錯誤，為創造力的嘗試提供時間和空間。

　　角色：綠色帽子就好比一個園丁。它從無到有，從普通到出色地開墾土地，種植花草，把花園打理得漂亮好看。要做到這一點，這個園丁必須是有創造力和想像力的。

　　但要注意的是，六頂帽子顏色不同，角色不同，但並不是說在團體討論中，每個人只能戴一頂帽子。相反，對任何事物、問題的思考，每個人都必須戴上這六頂帽子，這樣才能全面到位地認知事物。六頂思考帽的作用在於，它提供了一種平行的思維方式，而並不是衝突性的思維方式。

表 7-2 回顧六頂思考帽

白帽	白色是中立而客觀的，關注事實和數據
綠帽	綠色象徵勃勃生機，寓意創造力和想像力，具有創造性思考、腦力激盪、求異思維等
黃帽	黃帽從正面考慮問題，表達樂觀的、滿懷希望的、建設性的觀點
黑帽	黑帽持否定、懷疑、質疑的看法，合乎邏輯地進行批判，提出負面意見，找出邏輯上的錯誤
紅帽	代表情感，表現自己的情緒，可表達直覺、感受、預感等方面的看法
藍帽	藍帽負責控制和調節思維過程，規劃和管理個思考過程，並負責做出結論

案例：日本麥當勞透過六頂思考帽取得成功

　　麥當勞在日本有超過 3,500 家店，並保持著業績的持續上升。麥當勞的成功部分原因應該歸功於鮮為人知的職員培訓。其中，六頂思考帽是麥當勞員工培訓的最重要的課程。麥當勞的日本分部發現了幾個關鍵的集中出現的問題，而這些問題，六頂思考帽都可以提供解決的辦法。

1. 環境的改變，像 IT 發展和在商業系統的快速變化，需要職員具備跨產業工作的能力。

2. 提高生產力，麥當勞高效部門政策認為這是必須的。

3. 激烈的競爭，不僅來源於其他的速食產業，也來源於高品質高價格的自助式餐廳。

對於這些問題所帶來的挑戰需要改變人們的觀念和工作類型。麥當勞將六頂思考帽作為推動創造力和改善會議品質和效率的一個方法 ── 這是完成他們集體目標的關鍵因素。事實上，講授六頂思考帽不到一年的時間，職員已經有以下效果：

1. 會議的次數減少到 25%；

2. 因為減少了黑帽思維所占時間的比例，工作的文化氛圍更加積極了；

3. 因為每一個員工都能參與到各種類型的思考當中，這種開放的交流加強了。

案例分析：

麥當勞作為一家全球連鎖的速食店，能夠在競爭激烈的全球市場中保持持續良好的態勢，是有自己的道理的。麥當勞一直堅持自己的團隊經營理念，每一家店都實行以店長為核心的店長培養制度，為的就是能夠集中團隊智慧。而要集中團隊的智慧，好的方法必不可少。日本的麥當勞就是看中了六頂思考帽能夠帶來集體討論的流暢性和高效率，才急急引進，也因此取得了良好的效果。

3.六帽的順序與運用

在多數團隊中，團隊成員被迫接受團隊既定的思維模式，限制了個人和團隊的配合度，不能有效解決某些問題。運用六頂思考帽模型，團隊成員不再侷限於某一單一思維模式，而且思考帽代表的是角色分類，是一種思考要求，而不是代表扮演者本人。六頂思考帽代表的 6 種思維角色，幾乎涵蓋了思維的整個過程，既可以有效地支持個人的行為，也可以支持團體討論中的互相激發。

一個典型的六頂思考帽團隊在實際中的應用步驟：

1. 陳述問題事實（白帽）。運用「白色思考帽」來思考、搜集各環節的資訊，收取各個部門存在的問題，找到基礎數據。

2. 提出解決問題的建議（綠帽）。戴上「綠色思考帽」，用創新的思維來考慮這些問題，不是一個人思考，而是各層次管理人員都用創新的思維去思考，大家提出各自解決問題的辦法、好的建議、好的措施。也許這些方法不對，甚至無法實施。但是運用創新的思考方式就是要跳出一般的思考模式。

3. 評估建議的優缺點：列舉優點（黃帽），列舉缺點（黑帽）。然後，分別戴上「黃色思考帽」和「黑色思考帽」，對所有的想法從「光明面」和「良性面」進行逐個分析，對每一種想法的危險性和隱患進行分析，找出最佳切合點。「黃色思考帽」和「黑色思考帽」這兩種思考方法，就好像是孟子的性善論和性惡論，都能進行否決或肯定。

4. 對各項選擇方案進行直覺判斷（紅帽）。到了這個時候，再戴上「紅色思考帽」，從經驗、直覺上，對已經過濾的問題進行分析、篩選，做出決定。

5. 總結陳述，得出方案（藍帽）。在思考的過程中，還應隨時運用「藍色思考帽」，對思考的順序進行調整和控制，甚至有時還要剎車。因為，觀點可能是正確的，也可能會進入死胡同。所以，在整個思考過程中，應隨時調換思考帽，進行不同角度的分析和討論。

造就奇才的先決條件是大眾的智慧。

—— 迪斯雷利（Benjamin Disraeli）

4. 給些建議

如何使用六頂思考帽，其實個人有個人的方式。但是在這裡我們要重點提出的是對兩頂帽子的充分使用。

建議一：充分發揮綠色帽子天馬行空的特點

關於綠色帽子，我們可以發揮自己的想像，想像春天到來，萬物復甦的場景，我們腦海中可以看到草地、樹木、蔬菜和生長。很明顯，綠色代表生機勃勃，綠色帽子是「活躍的」帽子。也正因如此，我們說綠色帽子是用來進行創造性思考的。事實上，綠色帽子包含了「創造性」一詞本身的含義。創造性思考意味著帶來某種事物或者催生某種事物，它與建設性思考相似。綠色帽子關注的是建議和提議。而且，創造性思考意味著新的創意、新的選擇、新的解決方案、新的發明。這裡的重點在於「新」。因此，當我們運用六頂思考帽時，輪到綠色帽子時，就要明白戴上綠色帽子就必須提出建議。當你被要求戴上綠色帽子的時候，你就要提建議、出主意。這是一種積極主動的思考，而不是僅僅對事物做出被動反應。

案例：鳳尾裙與無跟襪

某時裝店的經理不小心將一條高級裙子燒了一個洞，其身價一落千丈。如果用織補法補救，也只是蒙混過關，欺騙顧客。這位經理突發奇想，乾脆在小洞的周圍又挖了許多小洞，並精於修飾，將其命名為「鳳尾裙」。一下子，「鳳尾裙」銷量頓開，該時裝商店也出了名。逆向思維帶來了可觀的經濟效益。無跟襪的誕生與「鳳尾裙」異曲同工。因為襪跟容易破，一破就毀了一雙襪子，商家運用逆向思維，試製成功無跟襪，創造了非常良好的商機。

案例分析：

　　乍一看似乎這位經理的靈機一動與六頂思考帽沒有什麼關係，這不過是他為了彌補損失而用的小聰明。但是小聰明有大智慧，不管有意無意，這位經理在創造鳳尾裙的過程中就使用了六頂思考帽，而且重點就在綠色帽子。

其思考過程大體可分解如表 7-3 所示。

表 7-3 使用六頂思考帽創造鳳尾裙

白色思考帽	提出、分析問題：裙子破損、無法正常售出
綠色思考帽	尋找方法：利用破洞做文章，創造新的裙子款式
黃色思考帽	分析方法的優點：裙子設計新穎獨特，且能掩蓋裙子的破洞
黑色思考帽	分析方法的缺點：有可能失誤，存在風險
紅色思考帽	直覺判斷：雖然有風險，但可行性較高
藍色思考帽	做出決策：實施方法，做出新裙子

如上所述，這位經理在創造鳳尾裙的過程中依次戴上六頂思考帽，最終有驚無險解決問題。無跟襪的創造過程也大致如此，在這裡不多贅

述。回顧案例我們發現，鳳尾裙被創造出的過程中，綠色帽子無疑是最關鍵的。因為只有綠色帽子發揮創造性提出了解決辦法，接下來的其他帽子才有被戴上的必要。因此，運用六頂思考帽，要重視綠色思考帽的作用，發揮其天馬行空、無拘無束的特點，多個角度思考解決辦法，驚喜往往能不期而遇。

建議二：切勿過度發揮藍色帽子的總結作用

接下來講講藍色帽子。我們最常見的藍色自然是藍天了。天空高高在上，如果你飛翔在天空，就可以俯瞰一切事物。戴上藍色帽子就意味著超越於思考過程：你正在俯瞰整個思考過程。藍色帽子是對思考的思考。藍色帽子意味著對思考過程的回顧和總結。它控制著思考過程。藍色帽子就像是樂隊的指揮一樣。戴上其他五頂帽子，我們都是對事物本身進行思考，但是戴上藍色帽子，我們就是對思考本身進行思考了。藍色帽子包含以下幾點：

1. 我們到了哪裡？
2. 下一步是什麼？
3. 思考的程序；
4. 總結；
5. 觀察和評論。

戴上藍色帽子的人會從思考過程中退出來，以便監督和觀察整個思考過程。

因此，這裡就有必要提到藍色帽子的錯誤用法。這種錯誤用法就是對藍色帽子的過多使用。藍色帽子講究對過程的控制和總結，那麼假設我們在討論一個問題，但是每討論五分鐘就會有人提出要進行一次總結

反思，這樣的討論是無法持續進行下去的。在實踐中，其實有很多人已經在運用藍色思考帽，只不過他們不直接這麼說罷了。但是，明確地把它說出來會更有效。應該避免濫用藍色帽子，如果每隔幾分鐘就中止會議做一個藍色帽子評論，很容易惹怒大家，偶爾使用會更加有效。

案例：6個問題提高自身能力

一位主持人在一次採訪結束後向一位學者請教，如何提高自己的主持功力。學者利用六頂思考帽的方法，只問了主持人6個問題，就讓主持人得到了答案。問題大致以下：

1. 你能做一個簡單的自我評價嗎？你這次主持自我感覺如何？（紅帽思維）

2. 你能舉些例子，或者數據來證明你的感覺是對的嗎？試舉出3個好嗎？（白帽思維）

3. 你覺得這次主持，對你個人來說產生了什麼樣積極的因素（好處），對你有哪些幫助？同時，你覺得表現好的地方在哪裡，換句話說，哪些地方是可以傳承和發揚的？（黃帽思維）

同樣，你覺得還有哪些地方是欠妥的，或者說是需要改進的？你不妨好好回憶一下！（黑帽思維）

1. 那以上問題如何來改進呢？你有什麼好的方法嗎？（綠帽思維）

2. 如果時光可以倒流，這個培訓可以重來的話，你認為如何做才能夠做得更好？（藍帽思維）

僅僅透過這6個問題，這位主持人就在自己的回答中找到了自己存在的不足，並尋找到了解決方法。六頂思考帽的神奇之處不得不讓人稱奇。

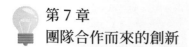

案例分析：

　　這個案例典型地使用了藍色思考帽的地位和作用。我們看到學者對主持人的問題是經過精細設計的，在對問題的各個方面都有了思考後才要求主持人戴上藍色思考帽，從而達到一種自我反饋的效果。這種做法就是對藍色思考帽的適度使用。假如一開始還沒有任何思考就急於帶上藍色思考帽，要做全程回顧，就必然沒有這種效果。

　　這一章我們介紹了依靠團隊進行思考的兩種方法：腦力激盪法和六頂思考帽法。前者是希望大家能重視團隊的力量，正所謂「三個臭皮匠，勝過諸葛亮」眾人抬柴火焰高，只有集中團隊的智慧，創新才更有可能。後者則是提供了一種讓團體智慧可以順利巧妙地結合交會的方法，它的重點在於思考的有序性和條理性。它要求我們在思考問題時戴上相同的帽子，這樣才能有序高效地討論。總結起來，就是思維需要碰撞，但是應該是有序地碰撞。我們在創新的道路上，要懂得珍惜重視團體的力量，學會運用這兩種方法，在集體的智慧中找到創新的靈感火花。

第 8 章
創新思考，能得到不一樣的效果

如果你要成功，你應該朝新的道路前進，不要跟隨被踩爛了的成功之路。

—— 約翰·D·洛克斐勒（John D. Rockefeller）

紙上得來終覺淺，絕知此事要躬行。解決問題是創新的應有之義，創新涉及人們的思想、觀念和行為等各個方面，對於創新現象、創新思維、方法的分析、思考，最終都是要落實到具體的運用中的，解決問題是創新的重要歸宿，否則創新就成了空談。

第 8 章
創新思考，能得到不一樣的效果

一　還是在用老方法解決問題嗎

現在的你，解決問題會想用老方法，還是會想到在老方法的基礎上有所創新呢？很多人喜歡用老方法解決問題，有些有惰性作祟之嫌；有些則因為害怕承擔風險，害怕失敗，思想保守；有些是因為自以為是，然後成為大家口中的「老古董」和「老頑固」。然而在解決問題的時候，是否想過需要有所創新，用創新方法解決問題會產生創意的思維活動，是對創新思維活動規律的一種認識。這種認識可以讓我們在創新解決問題過程中，學習到不同的知識，激發新的創意和洞見。結合自身的「頓悟」和「靈感」，你會發現這樣解決問題的效果會不一樣，或許會有意想不到的結果出現。

在平時的工作生活中，我們可以用雙眼、雙耳、雙手去捕捉周圍的資訊，去發現創意，進而想到解決問題的新方法。創新恰恰就是這樣在發揮著作用，如果固守傳統的方法，我們往往會成為問題的犧牲品，而不是問題的解決者。

1. 怎樣才算是創新解決問題

創新解決問題，需要滿足 3 方面的要求。

運動性。很多企業和個人曾經使用創新方法取得了成功，但是之後卻停留於固有的方法和模式，最後依然被社會淘汰。由此可見，即便是使用了創新的方法，也並非可以一勞永逸，曾經的創新，隨著社會環境

的變化，也會變成落後的方法。因此，創新解決問題，必須要不斷自我革命，與時俱進，保持方法體系穩定性與運動性的統一，穩中有變。例如，美國的王安電腦，曾經是技術創新與企業創新的標竿，受到企業界和政界的高度肯定，但是面對不斷變化的市場環境，曾經的創新演變成守舊，王安電腦最終也免不了破產的命運。

綜合性：一個問題的解決，往往不是使用一種或者少數幾種方法就可以完全得到解決的，更多的是各種創新方法的綜合運用形成新的方法體系，才能真正衍生出適合要求的新事物。例如電漿電視的發明體現了組合法，將各種相關技術的組合，又體現了和田十二法，是在原來液晶電視的構造和外觀基礎上的改造和完善，同時也有模擬法、求異法等多種方法的影子，最終創造出新的產品。

體系性：創新解決問題，不是簡單的方法套用，不是隨意的靈感火花就能完成的，而必須是經過特定的步驟，程序化、規範化，才能將構想變成產品，將大腦中的東西落實到現實中。關於解決問題的步驟，目前有多種不同的論述，各種論述各有特點，但是無論哪一種理論，其本質抽象出來，無非是分為以下 4 步：發掘問題 —— 分析問題 —— 提出創新方案 —— 執行方案。這 4 個步驟是解決問題無法跨越的階段，任何一個步驟的缺失，都會導致問題無法得到最佳的解決。這部分的介紹和學習我們在下一節詳細展開。

2. 難創新的若干表現

在經濟發展競爭如此激烈的情形下，私人企業老闆和專業經理人在大談企業創新問題的解決和變革的同時，卻往往出現雷聲大雨點小的現象，最後一切流於空談。

第 8 章
創新思考，能得到不一樣的效果

（1）思維侷限導致無法創新

在本書第 2 章裡面，我們學習了慣性思維、從眾思維、迷信思維、謹慎思維等一系列不利於創新的思維模式，具體到問題的解決中，這些思維依然在發揮著負面的作用。很多企業是事先定好一個企業創新經營和發展的目標，然後按照傳統的模式使企業小幅度、多階段、漸進式增長，按順序考慮實現目標的手段和方法。當企業在順境時，這種確定目標的方法倒無可厚非，一旦環境發生變化，目標便束之高閣，於是乎，又誕生了一句話，叫「計畫趕不上變化」。習慣於傳統思維者在確立企業發展方向與目標時，易受到現有條件的限制，常說「做不到」，認為企業有多少錢就做多少事或不熟不做。結果商機到來時，要麼視而不見或不敢去爭取，總與機遇無緣。

（2）行動乏力導致創新不足

擁有創新意識，只是創新的第一步，但是要把創新落實，更重要的是保持執行力的提高。曾經的柯達公司在影像拍攝、分享、輸出和顯示領域一直處於世界領先地位，100 多年來幫助無數的人留住美好回憶、交流重要資訊以及享受娛樂時光。但資訊時代的來臨使柯達承受數位成像技術對傳統成像技術巨大衝擊的挑戰。這場技術革命宣告膠卷產業進入瀕死狀態。

其實柯達嗅到了市場發出的資訊，在數位影像產品蜂擁而至後，也開發了數位相機，但是陶醉於膠片業務的巨大利潤，柯達的轉型顯得沉痛而緩慢。在富士膠片（FUJIFILM）、柯尼卡美能達（Konica Minolta）等競爭對手紛紛拋棄膠卷相機，迎接「數位」時代的到來時，柯達公司依然留戀於傳統膠片市場，拒絕突破變革。在錯失轉型的最佳時機後，柯達以宣布破產告終。

（3）重視創新方法，忽視創新能力

　　創新的方法有很多種，我們可以透過學習逐步認識和了解，但是這些方法最終是要透過不斷地實踐才能上升為創新能力。解決創新問題，不是趙括馬謖之流的「理論家」能夠完成的，而需要依靠具備創新能力的實幹型人才。創新能力猶如彼岸伊人，在水一方，只有實踐的小船能溝通往來。如果不具備創新的能力，就只能被動接受任務勉為其難應付了事，面對各種創新難題，只能望洋興嘆。

二　解決問題，步步為營

解決問題的步驟，我們可以劃分以下：發掘問題 —— 分析問題 —— 提出創新方案 —— 執行。

發掘問題，是解決問題的前提，在現實生活中，很多人清楚自己遭遇了困難，並且在想辦法解決，但卻「無從下手」，主要原因就在於其實他第一步就沒做好，因為他根本不清楚他所要解決的問題到底是什麼，懵懵懂懂、渾渾噩噩的，解決問題自然就無從談起。另外一類人，根本不具備問題意識，他不會去主動發現問題，只會被動地等待困難把自己打敗，或者片面地逃避困難。因此，要成為創新人才，必須首先學會確定問題。

分析問題，是解決問題的必要環節。如果對問題沒有經過完整的、全面的、深入的分析，那麼相對應的，所能提出的解決方案必然是零碎的、片面的、膚淺的。

提出創新方案，是解決問題的關鍵環節。沒有創新方案，就如同不會下蛋的母雞，哪怕前置工作做得花團錦簇，也是徒勞枉然。

執行創新方案，是解決問題的最後歸宿。任何的方案，如果沒有強有力的執行，它的價值都會大打折扣。

1. 發掘問題

正如一場戰爭，你要取得勝利，至少要先知道對手是誰。

發掘問題，就是要確定你的對手，發現它，然後定位它。與一般解

決問題所不同的是，創新解決問題，從一開始就是與眾不同的。在這一步驟裡，體現出來四大特徵，區別於傳統解決問題的流程。表 8-1 是發掘問題的四大特徵。

表 8-1 發掘問題的四大特徵

主動性：細緻觀察、獨立思考是發現問題的利器
強調主動地去發現和思考，要有一雙敏銳的眼睛去捕捉周圍的訊息，去發現問題，進而才能順利地解決問題，不提倡被動接受問題
跳出常規發掘問題
「常規」是指事物的一般規律。遵循常規就是遵循一般規律。但是，事物中除了存在一般規律，還有特殊性。要善於掌握特殊性
變換思考角度發掘問題
有些問題，如果僅僅站在原來的角度上來看則不是問題，或者沒有問題，而站在新的角度上來看，則可以發現問題
界定真問題
只有正確地界定了問題，才能找到我們應該瞄準的「靶」，後面的幾個步驟才能正確地去執行，否則找不準靶，就可能勞而無獲，甚至南轅北轍

2. 分析問題

分析問題，需要體現創新解決問題的體系性特徵，也就是說，要透過特定的方法或者方法體系來進行。以下我們介紹幾種常用的問題分析方法：

（1）四要素法

所謂四要素法，是指透過對問題的主體、原因、條件和效果 4 個關鍵要素進行分析，從而系統掌握問題核心的方法。

表 8-2 分析問題的四要素法

主體分析	誰出現問題？誰來解決問題？解決問題涉及到誰？
原因（背景）分析	為什麼會出現這樣的問題？為什麼需要解決這樣的問題？
條件分析	現有的物質條件有哪些？可能創造的物質條件有哪些？
效果預測	問題需要解決到什麼程度？可以解決到什麼程度？

按照以上 4 個要素逐一分析，就可以對問題的面貌做出主要了解和判斷，然後才能根據對元素的分析結果提出下一步的創新方案。

（2）5why 法

5why 法，也被稱作五回分析法，也就是透過一定的問題不斷深入提問，從而了解事物面貌的方法。它是一種診斷性技術，被用來識別和說明因果關係，它的根源會引起恰當的定義問題。不斷提問「為什麼前一個事件會發生」，直到回答「沒有好的理由」或直到一個新的問題被發現時才停止提問。解釋根本原因以防止問題重演。所有帶有「為什麼」的語句都會定義真正的根源。

案例：豐田汽車的 5why 法

豐田汽車公司總經理大野耐一強調，要真正解決問題必須找出問題的根本原因。造成問題的根本原因是什麼呢？答案必須靠更深入的挖掘。先問第一個「為什麼」，獲得答案後，再問為何會發生，依次類推，問 5 次「為什麼」。

如果我是生產主管，我會這樣來問「5 個為什麼」。

問現場的工人：為什麼這走道上有這麼一塊厚紙版？

工人答：地上有一大片油。

再問：為什麼走道上會有一大片油？

工人答：剛才在用堆高機搬運機時發生了側翻，機油洩漏了。

三問：為什麼堆高機會發生側翻？

工人答：堆高機有故障。

四問：為什麼堆高機的故障沒有及時發現？

工人答：前幾天已經發現故障，而且第一時間通知了堆高機的供應商。

最後問：那為什麼還會因為故障引發堆高機側翻？

工人答：已經催促廠商或供應商 5 次了，請他們來診斷維修，但卻沒有維修人員來修復。

案例分析：

問完這 5 個為什麼以後，就可以得出是堆高機品質出了問題，是由於堆高機的供應商售後服務做得並不到位，這自然就會影響生產效益。作為生產主管，應該立即向設備採購等相關部門報告，並行使生產主管對生產設備的否決權。在生產工廠，解決實際問題時經常會用到 5why 分析法，對問題的起因進行初步的分析。問題是在哪裡發現的？這將引領疑問者追根溯源，接近問題的最根本原因。隨後，透過 5why 細節分析法就可以找到結果。

（3）魚骨圖法

表 8-3 魚骨圖法

定義	魚骨法是諮商人員進行因果分析時經常使的一種方法，其特點是簡潔實用，比較
直觀	魚骨圖是一個非定量的工具，它可以幫助我們找出引起問題（最終問題陳述所描述的問題）潛在的根本原因
三種類型	1）整理問題型魚骨圖：各要素與特性間不存在原因關係，而是構成結構關係 2）原因型魚骨圖：魚頭在右，特性值通常以「為什麼……」來寫 3）對策型魚骨圖：魚頭在左，特性值通常以「如何提高或改善……」來寫

使用步驟	1）把「為什麼問題（最終問題陳述所描述的問題）會發生」作為魚頭 A. 傳統上的主分支 a. 人員 b. 機器 c. 方法 d. 物料 e. 環境 B. 使用主要的流程步驟 C. 腦力激盪法 2）對於每一個主分支問 5 次「為什麼」找出潛在的根本原因使魚骨豐潤起來 3）繼續挖掘魚骨圖分支直到得到可驗證的、特定的、可對之採取行動的根本原因為止，同時用圓圈把它圈起來，避免如下這些非特定的原因：缺乏培訓、溝通不良、緊急

案例：煉油廠的行銷問題魚骨圖

以某煉油廠情況作為實例，採用魚骨圖分析法對其市場行銷問題進行解析。

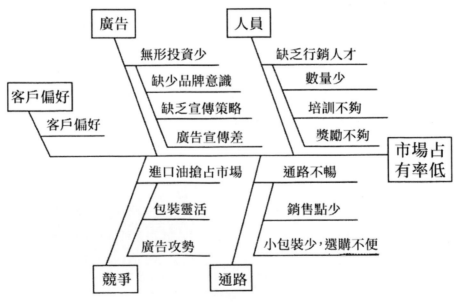

圖 8-3 煉油廠市場魚骨圖

案例分析：

　　「魚頭」表示需要解決的問題，即該煉油廠產品在市場占有率低。根據現場調查，可以把生產該煉油廠市場行銷問題的原因概括為 5 類。即人員、通路、廣告、競爭和其他。在每一類中包括若干造成這些原因的可能因素，如行銷人員數量少、銷售點少、缺少宣傳策略、進口油廣告攻勢等。將 5 類原因及其相關因素分別以魚骨分布態勢展開，形成魚骨分析圖，就可以對產品市場占有率減少做出一個分析和判斷，為下一步提出創新方案做好必要準備。

（4）麥肯錫邏輯樹

表 8-4 麥肯錫邏輯樹

定義	麥肯錫問題樹，是系統分析問題存在形態的一種方法。在問題樹分析過程中，自上而下，依次分層分析出問題的根源後，標示著問題樹完成
功能和適用範圍	主要用於檢驗問題樹分析的上下層面是否符合邏輯，是否存在原因——結果的關係。幫助分析實現上一層目標的外部限制因素，為準備邏輯框架奠定基礎。主要適用於專案的設計階段，而且針對那些使用邏輯框架開發和管理的項目，必須要經過這個步驟

案例：邏輯樹解決林地資源管理問題

　　某城市在林地承包經營權和林木所有權落實到農戶後，如何解決好林木的採伐利用與經營管理，日漸成為農戶和社會關注的焦點。

　　某自然保護區周邊社區林地由於超限額採伐、採伐制度許可證制度僵化等問題，逐漸出現了林地面積萎縮的現象。

　　為了避免這種現象繼續惡化，林地管理者運用了麥肯錫邏輯樹的創新方法，對社區林地面積不斷縮小的原因進行分析。

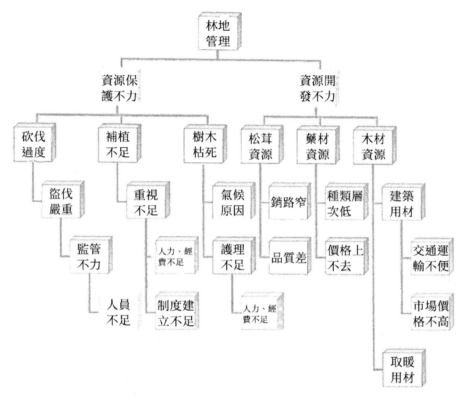

圖 8-4 林地資源管理邏輯樹

案例分析:

　　立足於林地資源管理這一問題,從資源保護不力和資源開發不力兩個方面分析其現狀,再進一步對這兩個方面進行發散、深入延伸,層層架起樹枝,得出目前管理中存在的問題,從而有針對性地提出解決方案。

3. 提出創新方案

　　創新解決問題,體現在解決問題的每一個步驟中,形成一個完整的創新體系。其中,創新方案的提出是最關鍵的一環。在前面的章節中,我們學習了很多的創新方法,例如類比法、組合法、求異法、微創新

法、逆向反轉法、和田十二法以及思維導圖法等，這些方法在創新方案的構建中將會發揮重要作用。

4. 幾個案例

具體的使用方法，可以參看下面的案例分析思路：

(1) 降落裙的發明

小時候，很多人都有一個像鳥兒那樣在空中翱翔的夢想，但是在長大以後還一直追逐這個夢想的人就不多了，但是，美國礦工班尼克偏偏是這為數不多的一個。20 世紀初，出身貧寒的班尼克還只是一個在美國挖礦的工人，但是他卻一直嚮往著可以當一名空軍飛行員 —— 當然以他的條件注定無法達成。如何讓自己能夠美夢成真呢？班尼克決定依靠自己的力量「飛起來」。他自己設計了一個名為「降落裙」的裝備，並公開展示了它的效果。

案例：從夢想出發：降落裙的發明

1914 年 6 月 3 日，礦工班尼克穿著他自己發明的降落裙，在華盛頓的一座樓頂跳下。在空中飄蕩了一段時間之後，班尼克安全地降落到地面上，他的發明是成功的。這次的降落也引起了美軍的注意，他把專利給了美國陸軍，他獲得的不是金錢，而是美國航空兵部隊的終身成員。他的發明可以使軍人在空中安全著陸，解決了他們第一次世界大戰失去大量軍員的問題。美國軍隊再對他的降落裙進行改進，造出了現代意義上的降落傘。

從夢想出發，其實就是從問題出發，班尼克所要解決的問題，就是如何讓自己「飛」起來。但是作為一名礦工，他沒有條件使用飛機，因此他只能另辟蹊徑。確定了他要解決的問題之後，他還要做出分析和判

斷，那是不是他所能解決的問題，顯然他選擇的問題是一個難度很高的題目，這個題目甚至困擾到強大的美國軍隊。但可貴的是，班尼克對問題的難度做出了正確的判斷，並且朝著既定的方向發明了降落傘的雛形 —— 降落裙。他自己也因此真正實現了翱翔天際的夢想。

案例分析：

按照創新解決問題的步驟，班尼克發明降落裙，也體現了創新的四大環節。首先是創新性地發掘問題，班尼克長期主動觀察和思考，甚至把問題升級為夢想追求，從而確定了自己所要解決的問題 —— 如何飛翔於天際。這一個課題我們將其歸結為創新問題，是合理的。因為在當時的技術條件看，人類的活動空間更多的還是侷限在陸地和海洋表層，儘管出現了結構相對簡單的飛機，但那不是一般人可以涉足的領域。班尼克的飛翔夢想，既體現了主動性，也體現了特殊性。然後，班尼克對自己所要解決的問題進行了分析。

表 8-5 班尼克夢想的四要素分析

主體分析	誰出現問題？誰來解決問題？	自己、一名礦工
	解決問題涉及誰？	
原因（背景）分析	為什麼會出現這樣的問題？	原因：個人想要實現飛翔的夢想
	為什麼需要解決這樣的問題？	背景：飛行技術已經開始發展
條件分析	現有的物質條件有哪些？	個人製造技能
	可能創造的物質條件有哪些？	簡單的工具
效果預測	問題需要解決到什麼程度？	讓人飛起來
	可以解決到什麼程度？	可以低空、短途飛翔

透過簡單的四要素分析，班尼克可以大致了解自己面臨的是一個什麼樣的局面。於是緊接下來，他所要做的，是提出一個合理的創新方

案，面對自身條件的不足，他經過思考，選擇的是創新方法體系中的逆向反轉法。如果從正常的思路出發，他所要謀求的效果是讓自己從地面飛上去，但是那樣的難度太大，於是他反過來，讓自己從半空中掉下來，同樣也可以體驗空中飛翔的感覺。緊接著他利用空氣浮力原理創造了降落裙。最後把產品從構思變成現實，再進行實地檢驗。另外，從四要素法分析出來的結果，班尼克也有可能會透過其他的創新思路發明另一種飛翔工具：滑翔機。可見，由於創新方法選擇的不同和具體客觀條件的不同，其創新成果也會有所區別。

（2）雀巢的自我改良

雀巢公司是世界最大的食品製造商，擁有 147 年歷史。雀巢公司起源於瑞士，最初是以生產嬰兒食品起家。現在主要產品為速溶咖啡、煉乳、奶粉、嬰兒食品、奶酪、巧克力製品、糖果、茶包等數十種。沒有任何一家公司像雀巢公司在研發領域內投入了這麼大的人力與財力資源，開發出了很多種獨特的食品，為自己始終居於產業領先地位奠定了牢固的基礎。

案例：雀巢—微創新奠定領先地位

今天雀巢公司能夠在規模和市場價值上成為世界上最大的食品集團，在食品研發領域內也是全球的「領頭羊」，源於持續的改良創新。

雀巢把創新解釋為創造新的產品和工藝，改良則是不斷改善產品和技術。當企業遇到發展瓶頸時，創新問題的解決對於一個企業來說是最重要的，但也是最難的，需要有強大的研發機構來支持。正因為雀巢公司在面臨市場占有率被逐漸侵蝕時採取了新型的包裝理念，從而鞏固了產業領導者的地位。

例如，雀巢公司將濃縮牛奶裝進一個配有清潔、可調節閥門的可擠壓塑膠瓶中。儘管增加了額外的包裝成本，提高了售價，但增加了 15% 的銷售量，為雀巢帶來了更多的利益。雀巢公司因包裝創新的勝利而成為產業的領先者，進一步鞏固了在大眾消費者心中的品牌形象。

案例分析：

　　對於雀巢來說，由於旗下產品眾多、人員隊伍龐大，要發現問題，界定真正的問題，是一個難點，如何在紛繁複雜的眾多問題中找到關鍵問題，是體現創新的重要內容。找到了問題的關鍵所在，才能讓創新行為事半功倍。而雀巢所要解決 的，不是某一具體的問題，而是如何保持自身發展的運動型，保持產品體系與社會需求相一致，從而保持自身的產業領先地位。在確定問題之後，下一步是對問題進行分析，我們可以嘗試使用魚骨法。

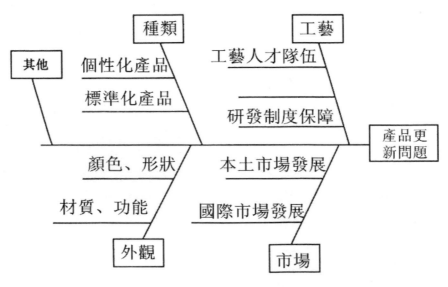

圖 8-7 雀巢創新魚骨圖

透過魚骨圖分析，可以從工藝、種類、外觀、市場等幾個方面對企業產品進行問題查找與分析，再針對這幾個方面的具體問題，提出創新的改良方法。在具體的方法選擇中，由於現有產品依然在市場中占據著比較大的銷售額，所以不適宜採用過大的革新動作。於是，採用微創新方法是最優的方案。透過人力、經費、制度等多方面的支持，不斷提高企業工藝技術，完善產品種類體系，改進產品外觀和拓展內外市場，從而保持企業產品發展的連動性，並把整個方案落實，這樣的過程維持了企業發展的穩定性並降低了創新的風險，同樣也是創新解決問題的體現。

（3）信用卡攜帶不便

隨著信用消費的不斷深入發展，銀行信用卡跟我們的生活關係越來越密切。各大銀行為了擴大業務量，開發了各種各樣不同類別、不同層次的信用卡，使得人們手中的信用卡越來越多，尤其是一些作為優質客戶的商務人士，他們的錢包鼓鼓，但是裡面裝的不是現金，而是一大堆卡片。

發明使用信用卡的初衷，在於減輕人們攜帶現金的不便，但是逐漸人們發現，信用卡的濫發，也同樣重覆了攜帶現金的尷尬。

案例：信用卡攜帶的創新方案

對信用卡攜帶的問題，可以使用麥肯錫邏輯樹進行分析。

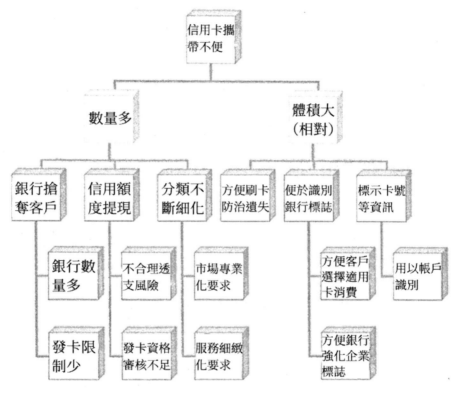

圖 8-8 信用卡攜帶邏輯樹

由圖可見，目前對信用卡的大量使用，自有其合理的邏輯性，每一個現象背後，都有其必然的理由。因此，在固有的邏輯體系內創新，難以有效解決其攜帶不便的問題。

如何解決信用卡攜帶不便的問題呢？藉助網路金融技術的應用和推廣，銀行系統和其他金融企業開始推出一系列的電子錢包，透過註冊電子帳戶的方式取代傳統的刷卡消費，相信在不久的將來，一張張的信用卡也可以像貨幣一樣大量的電子化，無需再為攜帶問題而煩惱。

解決信用卡攜帶的問題，體現了一種創新方法：經驗移植法。這種

方法在前面的內容中已經介紹過，屬於類比法的一種。借鑑貨幣可以電子化的思路，那麼信用卡也同樣可以電子化，從而解決攜帶不便的問題。

案例分析：

　　首先是發現問題，對於信用卡攜帶這一類問題，屬於日常主活中的細節問題，這一類問題的發掘，需要主動、細緻的生活觀察。正因為是非常細小的事情，所以大多數人會選擇將其忽略，而對於創新者來說，別人視野中的盲區，卻正好是創新的重要領域。發掘創新問題，並不只是片面求大、求廣，只要能有利於社會，哪怕只是小小的一點改變，也是一種實實在在的創新。同時，信用卡的使用面廣，涉及人數多，其自身形態的優化，對這個社會的金融資訊技術提升也具有重要意義。發現問題之後，需要進一步對問題進行分析，案例中使用了「麥肯錫邏輯樹」。透過「麥肯錫邏輯樹」，我們可以清晰地看到信用卡攜帶不便的兩大原因，就是數量太多以及信用卡的體積因為量的累積而顯得相對過大。但在進一步的分析中，我們又可以看到，信用卡無論是數量上的增長還是提及上的設定，都是合乎社會發展需求的，我們已經難以從這兩個方面著手進行創新。於是，創新方案必須跳出現有的方法系統。這時候，創新方法體系中類比法便發揮了作用，正如案例中所言，既然貨幣可以電子化，那麼也可以將信用卡進一步電子化，取消其實物形態，接照這一思路，問題便迎刃而解。事實上，眾多銀行在實際發展中也是這樣做的。

（4）策略創新

　　國外某房地產集團是一家知名的大型房地產企業，以房地產為龍頭，業務涵蓋教育、市政建設、服裝產業、高科技、商貿、海港建設、

建築安裝、物業管理、現代農業、旅遊等多個產業領域。作為一家房地產企業，其憑藉自身資本優勢，實施多元化的企業發展策略，把產業發展延伸至文化產業領域，很好地展現出企業創新的勢頭。

案例：房地產集團的策略創新

該房地產集團率先把創意與傳統價值連城的文物和藝術品等同起來，舉辦創意拍賣會。2014 年 3 月 22 日，該房地產集團經過近兩年的孕育、謀劃、籌備，舉辦了首個創意拍賣大會。此次拍賣會，共有涉及動漫設計、軟體開發和應用、影視體驗等產業的十大創意作品參加競拍，當場成交 5 項創意拍賣，成交額接近 3,000 萬元。

該房地產集團對於社會經濟的發展有著清醒而深刻的認知，傳統經濟發展出現階段性的瓶頸，但經濟發展出現的問題最重要的是發展模式的問題，而不是經濟本身的問題，認知到這一點，就為緊接下來的模式創新提供了依據。然後，經濟發展具有一定的週期，這是經濟理論的常規認知，但是在一般規律作用之外，也具有一些特殊性。例如，經濟週期中，並不是所有的產業都同時進入瓶頸，甚至恰恰相反，傳統產業的暫時衰退，正好為新興產業提供了發展的利潤空間，從這一點出發，該房地產集團選擇了文化產業這一領域。再者，考量企業發展問題的角度，一般是從管理和市場來考慮，但是該房地產集團的獨到之處在於加入了新的資本和政策因素，一方面藉助政府對文化產業的大力扶持，另一方面積極進行資本運作，為企業發展注入活力。最後，需要重點解決的問題，是資本的吸引和模式的創新問題，把這兩個問題解決了，企業發展的策略目標也就完成了大部分。

案例分析：

　　創新解決問題的第一步在於發掘問題，在企業發展策略選擇時，對經濟規律的認知和掌握發揮著重要的作用。該房地產集團在發現問題時的創新之處在於不僅善於發現經濟發展的一般規律，也善於發現經濟發展的特殊規律，並將這些規律充分體現在企業部署之中。跳出常規，是發掘問題重要的創新特徵。傳統產業由於經濟週期發展，會出現暫時的衰退或者停滯，但新興產業卻有可能成為經濟蕭條期的突破口。確認了這一點，就可以確定問題所在，那就是如何處理企業增長乏力的問題。確定問題後，就要對問題進行系統分析，我們可以選用 5why 分析法。

表 8-6 用 5why 分析法分析房地產集團面臨的問題

為什麼企業利潤在下降？
因為市場競爭太激烈，利潤空間被壓縮。
為什麼市場競爭會如此激烈？
因為傳統行業產能已經過剩。
為什麼傳統行業會產能過剩？
這是傳統經濟週期發展的體現。
有沒有突破經濟週期發展的可能？
開發新的產業領域可以做到這一點。
要開發什麼樣的產業領域？如何開發？

　　透過 5why 分析法，可以大致了解房地產集團目前所面臨的問題的來龍去脈，並且為創新方案的提出做好準備。由於房地產集團本身是一個多元化發展的大型企業，所以在創新方案選擇上可以選擇和田十二法。

表 8-7 用和田十二法提出房地產集團的創新方案

加一加	增加文化產業等領域投入
減一減	減少部分市場飽和行業的投入
擴一擴	擴大現有盈利項目的規模
變一變	調整企業產業結構
改一改	修改不能適應市場變化的管理制度
縮一縮	精簡人才隊伍
聯一聯	聯結國家政策方針
學一學	學習同類型房地產企業的策略部署
……	……

　　透過和田十二法，我們可以大致完成一套創新方案的框架（當然實際的方案會比圖表中的內容要複雜得多），將各個創新要點進一步細化和完善，並且付諸實踐，就完成了企業創新的整套流程。

三　試錯法：勇敢的嘗試錯誤

　　試錯法是在特定情況下解決問題的一種創新方法，就如同一位偉人所說的「摸著石頭過河」，是在沒有現成的路徑可以借鑑的情況下，自己走出一條新路的勇敢嘗試。一般來說，試錯法是一種高成本的創新方法，因為試錯的過程也是在失敗中取捨的過程，有得先有失，有失終有得，體現著佛家捨與得的辯證智慧。試錯法目前作為企業創新的一種流行的科學方法論，在實際社會中發揮著重要的作用。

1. 試一下，未嘗不可

　　試錯法是一種透過不斷試驗和消除誤差、探索未知系統的方法。這種方法在動物的行為中是不自覺地應用的，在人的行為中則是自覺的。

　　對於試錯法中的未知系統，我們可以將其視為「黑箱」系統，也就是把所要研究的整個領域看做一個「黑箱子」，然後間斷地或連續地改變黑箱系統的參數，試驗黑箱所作出的應答，以尋求達到目標的途徑。主體行為的成敗是用它趨近目標的程度或達到中間目標的過程評價的。趨近目標的資訊給主體，主體就會繼續採取成功的行為方式；偏離目標的資訊反饋給主體，主體就會避免採取失敗的行為方式。透過這種不斷的嘗試和評價，主體就能逐漸達到所要追求的目標。試錯法有兩種類型。

表 8-8 兩種試錯法的特徵

理性試錯的特徵	在調整政策或者變革政策之前，即在嘗試解決問題之前，參與決策者提出盡可能多的備選方案，並盡量全面預測和評估各個方案，然後全面比較各個方案，最後認真考慮，是否擇最佳方案作為嘗試解決問題的措施
非理性試錯的特徵	在嘗試解決問題之前，即在決策中，個人判斷或者經驗判斷占上風，控制著決策過程，決策中僅提出一個草稿，經過開會協商後做一些調整和修改，接著就頒布政策

試錯法的使用步驟

（1）猜測

猜測是試錯法的第一步。沒有猜測，就不會發現錯誤，也就不會有反駁和更正。猜測在一定意義上就是懷疑，這種懷疑不是為了懷疑而懷疑，而是為了發現問題、更正問題，是科學的審慎的態度。

注意事項：

猜測不是胡亂地想像，隨意地編造。它除了要尊重已有的事實外，還須符合以下兩點要點：

一、簡單性要求，即經猜測而得的設想必須簡單明瞭，必須讓人一看就明白新設想「新」在何處，它與舊的認知關聯何在等等；

二、盡可能獲得成功，較長久地不被替代、推翻。之所以進行猜測、懷疑原有認知，就是為了確立新認知和理論。如果新理論不追求成功、長時間有效，猜測就毫無必要了。

（2）反駁

反駁是試錯法的第二步。沒有反駁，猜測就是一廂情願且可能錯誤重重的設想。反駁就是批判，就是在初步結論中尋找毛病，發現錯誤，

透過檢驗確定錯誤，最後排除錯誤的思維過程。排除錯誤是試錯法的目的，也是它的本質。因為不能排除錯誤，認知就不能得到提高，就不可能從錯誤中走出來。所以，人類高明於動物的地方，其中之一就是能夠排除錯誤，以免干擾新的認知。而動物能夠發現錯誤，但不能排除，從而導致牠以後的重犯，並最終導致滅亡。

注意事項：

有一點須交代，即試錯法的試錯不是目的，不是為試錯而試錯。生活中，大多數人包括一些主管並不喜歡別人找他的錯誤、挑毛病，認為這是對他的不恭或故意刁難。這種想法應該拋棄。

2. 試一下，創意在其中

案例：女鞋品牌的創始人的創業試錯法

某女鞋品牌的創始人。在 10 多年的創業路上，一路走來，他幾乎試遍了所有女鞋產業的經營模式。正如眾多創業者一樣，他用自己的青春和汗水探索著適合自身發展的方法和經營之路，而這一個過程，正是試錯法的創新過程。

2003 年，該創始人踏上了女鞋產業的創業之路，這時候，他選擇的是實體店的鞋類零售兼批發。但是，在用心經營一年多之後，他發現這個模式並不合適自己，由於對市場認知的缺乏以及自身經驗的不足，實體店的零售兼批發生意並沒有如願帶來期待中的收益。於是，從 2005 年起，他放棄了已有的店面，把發展的重點投入女鞋生產領域，他籌集了一筆對於他來說不小的資金，開辦了屬於自己的鞋業製造工廠，進行代工生產，而這種模式是小型企業發展之初的多數選擇。但是，對於他來說，模仿別人的生產模式，似乎並沒能很好地實現自己的追求。

第 8 章
創新思考，能得到不一樣的效果

　　在管理上，小型企業的不規範讓他心存忐忑，各種產業內部複雜的
競爭關係也讓他感覺到莫大的壓力。2007 年後，他開始反思：原本的
經營模式到底出現了什麼樣的問題？經過慎重考慮，他把工廠轉讓，回
歸到企業裡面上班，希望能從別人的企業裡面學習到適合自己的創業路
徑。兩年之後，也就是 2009 年，當時正值網路購物發展之際，在如火
如荼的電商熱潮中，他似乎看到了一種陽光的創業模式，於是他辭掉了
工作，開始利用已有的經驗和資源成立網拍。像其他電商店家一樣，他
開始經營女鞋零售網拍。但現實證明，網拍的發展潛力並沒有預想的那
麼好，眾多的商家一擁而上，價格競爭，把產品的利潤空間無限壓縮，
一些小店家為了擴大銷售，開始無所不用其極，以次充好等現象屢見不
鮮，火爆的網拍開始逐步降溫。開設網拍的過程，該創始人和他的團隊
適逢其時，實現了一定程度的盈利，但顯然這並非一種可以長期依賴的
創業模式。於是 2011 年以後，他開始從網路零售轉向網路批發，同樣
是借助電商平臺，但是這個時候電子商務的競爭無論是在中小企業或者
是在壟斷寡頭之間都已經進入白熱化階段，產品競爭逐漸向資本競爭轉
化，巨大的資金壓力已經把眾多小型創業者排除在外。2013 年以後，
經過 10 多年不斷的探索嘗試與思考，該創始人形成了自己的一套經營
模式，他註冊了屬於自己的鞋類品牌和公司，並且重新開設工廠，自己
生產，把產品品質和款式的控制權掌握在自己手裡。同時，摒棄網路銷
售，專致於做實體店加盟的通路行銷。經過 10 多年的不斷嘗試，該創
始人把自己的經營模式歸結為 3 個方面，一是控制成本，創造產品的價
格優勢，並將節省的成本讓給客戶，保持客戶健康良性發展；二是以款
式研發投入為重心，透過款式快速更新，保持企業對市場的快速反應能
力；三是落實優質服務，區別於一些空洞的口號，讓客戶真切地感受到

真誠與熱情，透過最優的服務吸引和穩定客戶。儘管很多企業都是這樣做的，但是在具體執行中卻有著巨大的區別。透過細節把品牌跟一般的女鞋品牌區別開來，這是該創始人目前正在做的事情。

正如創始人自己所說，他對企業發展路徑的探索還遠遠沒有結束，但是他對他的「創業黑箱」已經越來越了解，對產業品牌操作有屬於他自己的模式和理念，創業路上的試錯法創新是一個發展的過程，而不是一個靜止的概念，透過試錯法的不斷嘗試，離成功的距離就會越來越近。

案例分析：

案例中創始人的創業之路，是一個典型的實踐試錯法的過程，從實體店零售到工廠生產，從網拍零售到網拍批發，再到創立品牌，進行加盟通路行銷，各個階段的探索，形成一個完整的試錯創新過程。在這個過程中，既是一個不斷取捨的過程，也是一個不斷發展壯大的過程，這也體現了試錯創新法在實踐過程中「有捨有得」的特點。試錯法，並不是要在無數的錯誤中重覆循環，而是在不斷的排除中選定正確的方法和方向。

試錯法的實施，並沒有紙上談兵那麼輕鬆，它是無數創業者在謀求發展，謀求改變中必然的選擇。一方面，它具有客觀性，對一些人來說，選擇這樣的過程意味著無奈，因為成功的背後必然是無數次的失敗；另一方面，它具有主動性，這是試錯法的使用者跟一般失敗者的根本區別。使用試錯法，是主動地去承受失敗，在失敗中成長，但是一般的失敗者是被動地遭遇失敗，容易成為困難的俘虜。

從這個意義上講，試錯法既是一種創新方法，更是一種理念，它把人們探索的過程從被動變為主動，從承受者變為推動者，這也是試錯法根本的價值所在。

後記

　　9 月，是收穫的季節，是喜悅的季節，尤其是南方的 9 月，天氣轉涼而又不乏暖意，讓人有意氣風發之感。「晴空一鶴排雲上，便引詩情到碧霄。」大概就是如此。

　　從春天的謀劃到秋天的完稿，本書大概歷經了 6 個月的時間。在此期間，出現了諸多的波折，幸運的是，在諸多友人的幫助下，最後都一一化解，此為比完稿更為重要的收穫。

　　由於對內容時效性、新穎性的追求，本書對案例的選取力求最新，這為素材的收集增加了很大的難度。在這一過程中，楊秀玲女士給予了本書很大的幫助。同時，在內容的編寫上，本書也是集體智慧的凝聚，在此要對幸智誠、陳麗湘、林佳佳、鄧燁、林燕璇、李子冰等表示感謝，尤其是智誠，在本書第 2 章、第 6 章中皆有重要貢獻。

　　周麗女士，在本書的寫作中負責與出版社的連繫接洽工作，同時在寫作思路上給予了很大幫助，在此一併表示感謝。

日常創新學，突破思維框架：

挑戰現狀，突破舒適圈，尋找每一個創新的可能性

作　　者：莫勇波，張李敏

發 行 人：黃振庭

出 版 者：財經錢線文化事業有限公司

發 行 者：財經錢線文化事業有限公司

E-mail：sonbookservice@gmail.com

粉 絲 頁：https://www.facebook.com/sonbookss/

網　　址：https://sonbook.net/

地　　址：台北市中正區重慶南路一段六十一號八樓 815 室

Rm. 815, 8F., No.61, Sec. 1, Chongqing S. Rd., Zhongzheng Dist., Taipei City 100, Taiwan

電　　話：(02)2370-3310

傳　　真：(02)2388-1990

印　　刷：京峯數位服務有限公司

律師顧問：廣華律師事務所 張珮琦律師

-版權聲明

定　　價：330 元

發行日期：2024 年 05 月第一版

◎本書以 POD 印製

Design Assets from Freepik.com

國家圖書館出版品預行編目資料

日常創新學，突破思維框架：挑戰現狀，突破舒適圈，尋找每一個創新的可能性 / 莫勇波，張李敏 著 . -- 第一版 . -- 臺北市：財經錢線文化事業有限公司 , 2024.05
面；　公分
POD 版
ISBN 978-957-680-865-4(平裝)
1.CST: 成功法 2.CST: 創造性思考
177.2　　113004525

電子書購買

臉書

爽讀 APP